स्वच्छ भारत अभियान

स्वच्छ भारत अभियान

मनोज कुमार सिंह

प्रशांत पब्लिशिंग हाउस

प्रथम प्रकाशन–2018

प्रकाशक

प्रशांत पब्लिशिंग हाउस

सी–34, 28 फुटा रोड़ गली न. 3
वेस्ट करावल नगर
दिल्ली–110094
मो : 9810396373, 8826258746
email : prashantpublishinghouse@gmail.com
www.pphbooks.co.in

ISBN :978-81-934253-8-1

मुद्रक

रोशन आफसेट प्रिंटर्स दिल्ली

भूमिका

स्वच्छ भारत अभियान भारत सरकार द्वारा आरंभ किया गया राष्ट्रीय स्तर का अभियान है जिसका उद्देश्य गलियों, सड़कों तथा अधोसंरचना को साफ–सुथरा करना है। यह अभियान महात्मा गाँधी के जन्मदिवस 02 अक्टूबर 2014 को आरंभ किया गया। राष्ट्रपिता महात्मा गाँधी ने देश को गुलामी से मुक्त कराया, परन्तु श्क्लीन इण्डियाश का उनका सपना पूरा नहीं हुआ। तथा महात्मा गांधी ने अपने आसपास के लोगों को स्वच्छता बनाए रखने संबंधी शिक्षा प्रदान कर राष्ट्र को एक उत्कृष्ट संदेश दिया था।

स्वच्छ भारत का उद्देश्य व्यक्ति, क्लस्टर और सामुदायिक शौचालयों के निर्माण के माध्यम से खुले में शौच की समस्या को कम करना या समाप्त करना है। स्वच्छ भारत मिशन लैट्रिन उपयोग की निगरानी के जवाबदेह तंत्र को स्थापित करने की भी एक पहल करेगा। सरकार ने 2 अक्टूबर 2019, महात्मा गांधी के जन्म की 150 वीं वर्षगांठ तक ग्रामीण भारत में 1.96 लाख करोड़ रुपये की अनुमानित लागत (यूएस + 30 बिलियन) के 1.2 करोड़ शौचालयों का निर्माण करके खुले में शौंच मुक्त भारत (ओडीएफ) को हासिल करने का लक्ष्य रखा है।ख्,

अनुक्रम

1

स्वच्छ भारत अभियान क्या है?

स्वच्छ भारत अभियान

स्वच्छ भारत अभियान द्वारा आरम्भ किया गया राष्ट्रीय स्तर का अभियान है जिसका उद्देश्य गलियों, सड़कों तथा अधोसंरचना को साफ–सुथरा करना है। यह अभियान महात्मा गाँधी के जन्मदिवस 02 अक्टूबर 2014 को आरम्भ किया गया। महात्मा गांधी ने अपने आसपास के लोगों को स्वच्छता बनाए रखने संबंधी शिक्षा प्रदान कर राष्ट्र को एक उत्कृष्ट संदेश दिया था।

स्वच्छ भारत का उद्देश्य व्यक्ति, क्लस्टर और सामुदायिक शौचालयों के निर्माण के माध्यम से खुले शौच को कम करना या समाप्त करना है। स्वच्छ भारत मिशन लैट्रिन उपयोग की निगरानी के जवाबदेह तंत्र को स्थापित करने की भी एक पहल करेगा।

सरकार ने 2 अक्टूबर 2019, महात्मा गांधी के जन्म की 150 वीं वर्षगांठ तक ग्रामीण भारत में 1.96 लाख करोड़ रुपये की अनुमानित लागत (यूएस+ 30 बिलियन) के 1.2 करोड़ शौचालयों का निर्माण करके खुले में शौंच मुक्त भारत (ओडीएफ) को हासिल करने का लक्ष्य रखा है।

पृष्ठभूमि

आधिकारिक रूप से 1 अप्रैल 1999 से शुरू, भारत सरकार ने व्यापक

ग्रामीण स्वच्छता कार्यक्रम का पुनर्गठन किया और पूर्ण स्वच्छता अभियान (टीएससी) शुरू किया जिसको बाद में (1 अप्रैल 2012 को) प्रधानमंत्री मनमोहन सिंह द्वारा निर्मल भारत अभियान (एनबीए) नाम दिया गया। स्वच्छ भारत अभियान के रूप में 24 सितंबर 2014 को केंद्रीय मंत्रिमंडल की मंजूरी से निर्मल भारत अभियान का पुनर्गठन किया गया था।

निर्मल भारत अभियान (1999 से 2012 तक पूर्ण स्वच्छता अभियान, या टीएससी) भारत सरकार द्वारा शुरू की गई समुदाय की अगुवाई वाली पूर्ण स्वच्छता (सीएलटीएस) के सिद्धांतों के तहत एक कार्यक्रम था। इस स्थिति को हासिल करने वाले गांवों को निर्मल ग्राम पुरस्कार नामक कार्यक्रम के तहत मौद्रिक पुरस्कार और उच्च प्रचार प्राप्त हुआ।टाइम्स ऑफ इंडिया ने रिपोर्ट किया कि मार्च 2014 में यूनिसेफ इंडिया और भारतीय प्रौद्योगिकी संस्थान ने भारत सरकार द्वारा 1999 में शुरू विशाल पूर्ण स्वच्छता अभियान के हिस्से के रूप में स्वच्छता सम्मेलन का आयोजन किया, जिसके बाद इस विचार को विकसित किया गया।

स्वच्छ भारत अभियान 2 अक्टूबर 2014 को शुरू किया गया था, और 2019 तक खुले में शौंच को खत्म करना इसका उद्देश्य है। स्वच्छ भारत अभियान 4,041 वैधानिक शहरों और कस्बों को कवर करने वाला राष्ट्रीय अभियान है।

ग्रामीण क्षेत्रों में शौचालय

सरकार ने 2 अक्टूबर 2019 तक खुले में शौच मुक्त (ओडीएफ) भारत को हासिल करने का लक्ष्य रखा है,सरकार ने 2 अक्टूबर 2019, महात्मा गांधी के जन्म की 150 वीं वर्षगांठ तक ग्रामीण भारत में 1.96 लाख करोड़ रुपये की अनुमानित लागत (यूएस + 30 बिलियन) के 1.2 करोड़ शौचालयों का निर्माण करके खुले में शौंच मुक्त भारत (ओडीएफ) को हासिल करने का लक्ष्य रखा है। प्रधानमंत्री नरेन्द्र मोदी ने अपने 2014 के स्वतंत्रता दिवस के भाषण में शौचालयों की जरूरत के बारे में बताया।क्या हमें कभी दर्द हुआ है कि हमारी मां और बहनों को खुले में शौच करना पड़ता है? गांव की गरीब महिलाएं रात की प्रतीक्षा करती हैं।

जब तक नहीं अंधेरा उतरता है, तब तक वे शौच को बाहर नहीं जा सकतीं। उन्हें किस प्रकार की शारीरिक यातना होती होंगी, क्या हम अपनी मां और बहनों की गरिमा के लिए शौचालयों की व्यवस्था नहीं कर सकते हैं?

मोदी ने 2014 के जम्मू और कश्मीर राज्य चुनाव अभियान के दौरान स्कूलों में शौचालयों की आवश्यकता के बारे में भी बताया। जब छात्रा उस उम्र तक पहुंचती है जहां उसे पता चल जाता है कि स्कूल में महिला शौचालयों की कमी के कारण उसने अपनी शिक्षा के बीच में छोड़ दी है जब वे अपनी शिक्षा को बीच में छोड़ देते हैं तो वे अशिक्षित रहते हैं।

हमारी बेटियों को गुणवत्ता की शिक्षा का समान मौका भी मिलना चाहिए। 60 वर्षों की स्वतंत्रता के बाद प्रत्येक स्कूल में छात्राओं के लिए अलग शौचालय होना चाहिए था। लेकिन पिछले 60 सालों से वे लड़कियों के लिए अलग–अलग शौचालय नहीं दे सके और नतीजतन, महिला छात्रों को अपनी शिक्षा को बीच में छोड़ना पड़ता था।

–नरेंद्र मोदी

मई 2015 तक, टाटा कंसल्टेंसी सर्विसेज, महिंद्रा ग्रुप और रोटरी इंटरनेशनल सहित 14 कंपनियों ने 3,195 नए शौचालयों का निर्माण करने का वादा किया है। उसी महीने में, भारत में 71 सार्वजनिक क्षेत्र के उपक्रमों ने 86,781 नए शौचालयों के निर्माण का समर्थन किया।

हजारों भारतीय लोग अभी भी मानव मल धोने के कार्य में कार्यरत हैं।

राजदूत

चयनित सार्वजनिक व्यक्ति

मोदी ने इस अभियान का प्रचार करने के लिए 11 लोगों को चुना। वो हैं–

- सचिन तेंडुलकर
- प्रियंका चोपड़ा

- अनिल अंबानी
- बाबा रामदेव
- सलमान खान
- शशि थरूर
- तारक मेहता का उल्टा चश्मा की टीम
- मृदुला सिन्हा
- कमल हसन
- विराट कोहली
- महेन्द्र सिंह धोनी
- ईआर. दिलकेश्वर कुमार

सिविल इंजिनियरिंग भारत के शहरी विकास मंत्री एम. वेंकैया नायडू ने दक्षिणी राज्य आंध्र प्रदेश में विशाखापत्तनम के तूफान से प्रभावित बंदरगाह शहर को साफ करने के लिए झाड़ू उठाया था।

ब्रांड एम्बेसडर

- वेंकैया नायडू ने विभिन्न क्षेत्रों में ब्रांड एंबेसडर सूचीबद्ध किए?
- राज्ययोगी ब्रह्मकुमारी दादी जानकीजी
- पवन कल्याण
- एस पी बालासुब्रह्मण्यम
- अमला (अभिनेत्री)
- के कविता
- गुनुपति वेंकट कृष्ण रेड्डी
- सुधाला अशोक तेजा

- पुलेला गोपीचंद
- हम्पी कोने
- गैला जयदेव
- नितिन
- वी.वी.एस. लक्ष्मण
- जे रामेश्वर राव
- शिवलाल यादव
- बी वी आर मोहन रेड्डी
- लक्ष्मी मांचू

2 अक्टूबर 2014 को प्रधान मंत्री मोदी ने नौ लोगों को नामांकित किया, जिनमें शामिल हैं–

- कॉमेडियन कपिल शर्मा,
- भारतीय क्रिकेट टीम के पूर्व कप्तान सौरव गांगुली
- पूर्व आईपीएस अधिकारी किरण बेदी ने अपने स्वच्छ भारत अभियान को आगे बढ़ाने के लिए
- पद्मनाभ आचार्य, नागालैंड के राज्यपाल
- सोनल मानसिंह, शास्त्रीय नर्तक
- इनादु समूह के रामोजी राव
- इंडिया टुडे समूह के अरुण पुरी

उन्होंने भारत के चार्टर्ड एकाउंटेंट्स संस्थान, इनाडू और इंडिया टुडे सहित कई संगठनों को भी नामित किया, साथ ही साथ मुंबई के डब्बावाले भी, जो शहर के लाखों लोगों को घर का बना खाना पहुंचाते हैं।

8 नवंबर 2014 को, मोदी ने उत्तर प्रदेश को संदेश भेजा और उस राज्य के लिए नौ लोगों का एक और नामांकन किया।

- अखिलेश यादव
- स्वामी रामभद्राचार्य
- मनोज तिवारी
- मोहम्मद कैफ
- देवप्रसाद द्विवेदी
- राजू श्रीवास्तव
- सुरेश रैना
- कैलाश खेर
- शिल्पा शेट्टी को इस मिशन में फरवरी 2017 से जोड़ा गया

30 लाख से अधिक सरकारी कर्मचारी और स्कूल और कॉलेज के छात्र इस अभियान में भाग ले रहे हैं।

साफ शहरों की सूची

भारत सरकार ने 15 फरवरी 2016 को सफाई रैंकिंग जारी की। सफाई सेलेक्शन –2016 में 73 शहरों को सफाई और स्वच्छता के आधार पर स्थान देता है। 10 लाख से अधिक आबादी वाले शहरों की जांच के लिए सर्वेक्षण किया गया था कि वे कितने स्वच्छ या गंदे थे।

- साफ 10 शहर
- मैसूर (कर्नाटक)
- चंडीगढ़
- तिरुचिरापल्ली (तमिलनाडु)

- नई दिल्ली
- विशाखापत्तनम (आंध्र प्रदेश)
- सूरत (गुजरात)
- राजकोट (गुजरात)
- गंगटोक (सिक्किम)
- पिंपरी चिंचवड (महाराष्ट्र)
- ग्रेटर मुंबई (महाराष्ट्र)
- सूची के नीचे के 10 शहर
- कल्याण डोंबिवली (महाराष्ट्र)
- वाराणसी (उत्तर प्रदेश)
- जमशेदपुर (झारखंड)67 गाजियाबाद (उत्तर प्रदेश)
- रायपुर (छत्तीसगढ़)
- मेरठ (उत्तर प्रदेश)
- पटना (बिहार)
- इटानगर (अरुणाचल प्रदेश)
- आसनसोल (पश्चिम बंगाल)
- धनबाद (झारखंड)
- चपचंतपलं

समान अभियान

स्वच्छ भारत स्वच्छ विद्यालय अभियान भारत की तत्कालीन मानव संसाधन विकास मंत्री स्मृति ईरानी द्वारा लांच किया गया जिसमें स्कूल के शिक्षकों और छात्रों के साथ स्वच्छता अभियान में उन्होंने भी भाग लिया।

शहरी क्षेत्रों के लिए स्वच्छ भारत मिशन

मिशन का उद्देश्य 1.04 करोड़ परिवारों को लक्षित करते हुए 2.5 लाख समुदायिक शौचालय, 2.6 लाख सार्वजनिक शौचालय, और प्रत्येक शहर में एक ठोस अपशिष्ट प्रबंधन की सुविधा प्रदान करना है। इस कार्यक्रम के तहत आवासीय क्षेत्रों में जहाँ व्यक्तिगत घरेलू शौचालयों का निर्माण करना मुश्किल है वहाँ सामुदायिक शौचालयों का निर्माण करना।

पर्यटन स्थलों, बाजारों, बस स्टेशन, रेलवे स्टेशनों जैसे प्रमुख स्थानों पर भी सार्वजनिक शौचालय का निर्माण किया जाएगा। यह कार्यक्रम पाँच साल अवधि में 4401 शहरों में लागू किया जाएगा। कार्यक्रम पर खर्च किये जाने वाले 62,009 करोड़ रुपये में केंद्र सरकार की तरफ से 14,623 करोड़ रुपये उपलब्ध कराए जाएगें।

केंद्र सरकार द्वारा प्राप्त होने वाले 14,623 करोड़ रुपयों में से 7,366 करोड़ रुपये ठोस अपशिष्ट प्रबंधन पर 4,165 करोड़ रुपये व्यक्तिगत घरेलू शौचालय पर 1,828 करोड़ रुपये जनजागरूकता पर और समुदाय शौचालय बनवाये जाने पर 655 क़रोड़ रुपये खर्च किये जाएंगे।

इस कार्यक्रम खुले में शौच, अस्वच्छ शौचालयों को फलश शौचालय में परिवर्तित करने, मैला ढ़ोने की प्रथा का उन्मूलन करने, नगरपालिका ठोस अपशिष्ट प्रबंधन और स्वस्थ एवं स्वच्छता से जुड़ीं प्रथाओं के संबंध में लोगों के व्यवहार में परिवर्तन लाना आदि शामिल हैं।

ग्रामीण क्षेत्रों के लिए स्वच्छ भारत मिशन

निर्मल भारत अभियान कार्यक्रम भारत सरकार द्वारा चलाया जा रहा ग्रामीण क्षेत्र में लोगों के लिए माँग आधारित एवं जन केन्द्रित अभियान है, जिसमें लोगों की स्वच्छता सम्बन्धी आदतों को बेहतर बनाना, स्व सुविधाओं की माँग उत्पन्न करना और स्वच्छता सुविधाओं को उपलब्ध करना, जिससे ग्रामीणों के जीवन स्तर को बेहतर बनाया जा सके।

अभियान का उद्देश्य पांच वर्षों में भारत को खुला शौच से मुक्त देश

बनाना है। अभियान के तहत देश में लगभग 11 करोड़ 11 लाख शौचालयों के निर्माण के लिए एक लाख चौंतीस हजार करोड़ रुपए खर्च किये जाएंगे।

बड़े पैमाने पर प्रौद्योगिकी का उपयोग कर ग्रामीण भारत में कचरे का इस्तेमाल उसे पूंजी का रूप देते हुए जैव उर्वरक और ऊर्जा के विभिन्न रूपों में परिवर्तित करने के लिए किया जाएगा। अभियान को युद्ध स्तर पर प्रारंभ कर ग्रामीण आबादी और स्कूल शिक्षकों और छात्रों के बड़े वर्गों के अलावा प्रत्येक स्तर पर इस प्रयास में देश भर की ग्रामीण पंचायत, पंचायत समिति और जिला परिषद को भी इससे जोड़ना है।

अभियान के एक भाग के रूप में प्रत्येक पारिवारिक इकाई के अंतर्गत व्यक्तिगत घरेलू शौचालय की इकाई लागत को 10,000 से बढ़ा कर 12,000 रुपये कर दिया गया है और इसमें हाथ धोने, शौचालय की सफाई एवं भंडारण को भी शामिल किया गया है।

इस तरह के शौचालय के लिए सरकार की तरफ से मिलने वाली सहायता 9,000 रुपये और इसमें राज्य सरकार का योगदान 3,000 रुपये होगा। जम्मू एवं कश्मीर एवं उत्तरपूर्व राज्यों एवं विशेष दर्जा प्राप्त राज्यों को मिलने वाली सहायता 10,800 होगी जिसमें राज्य का योगदान 1,200 रुपये होगा। अन्य स्रोतों से अतिरिक्त योगदान करने की स्वीकार्यता होगी।

स्वच्छ भारत स्वच्छ विद्यालय अभियान

मानव संसाधन विकास मंत्रालय के अधीन स्वच्छ भारत–स्वच्छ विद्यालय अभियान केन्द्रीय 25 सितंबर, 2014 से 31 अक्टूबर 2014 के बीच केंद्रीय विद्यालयों और नवोदय विद्यालय संगठन में आयोजित किया जा रहा है। इस दौरान की जाने वाली गतिविधियों में शामिल हैं–

स्कूल कक्षाओं के दौरान प्रतिदिन बच्चों के साथ सफाई और स्वच्छता के विभिन्न पहलुओं पर विशेष रूप से महात्मा गांधी की स्वच्छता और अच्छे स्वास्थ्य से जुड़ीं शिक्षाओं के संबंध में बात करें। कक्षा, प्रयोगशाला और पुस्तकालयों आदि की सफाई करना।

स्कूल में स्थापित किसी भी मूर्ति या स्कूल की स्थापना करने वाले व्यक्ति के योगदान के बारे में बात करना और इस मूर्तियों की सफाई करना।

शौचालयों और पीने के पानी वाले क्षेत्रों की सफाई करना।

रसोई और सामान ग्रह की सफाई करना।

खेल के मैदान की सफाई करना

स्कूल बगीचों का रखरखाव और सफाई करना।

स्कूल भवनों का वार्षिक रखरखाव रंगाई एवं पुताई के साथ।

निबंध, वाद–विवाद, चित्रकला, सफाई और स्वच्छता पर प्रतियोगिताओं का आयोजन।

बाल मंत्रिमंडलों का निगरानी दल बनाना और सफाई अभियान की निगरानी करना।

इसके अलावा फिल्म शो, स्वच्छता पर निबंध / चित्रकारी और अन्य प्रतियोगिताएं, नाटकों आदि के आयोजन द्वारा स्वच्छता एवं अच्छे स्वास्थ्य का संदेश प्रसारित करना।

मंत्रालय ने इसके अलावा स्कूल के छात्रों, शिक्षकों, अभिभावकों और समुदाय के सदस्यों को शामिल करते हुए सप्ताह में दो बार आधे घंटे सफाई अभियान शुरू करने का प्रस्ताव भी रखा है।

2

स्वच्छता का अभिप्राय

हजारों साल नर्गिस अपनी बेनूरी पे रोती है।

बड़ी मुश्किल से होता है चमन में दीदावर पैदा।।

महानायक दुनिया में मुद्दतों बाद आते हैं। कभी सदियों में आ जाएँ तो आ जाएँ, फिर लोग उसे उसकी जिन्दगी से पहचानते हैं। पहले वह अपने जीवन से एक आदर्श स्थापित करता है और फिर लोगों से कहता है कि उसकी पैरवी करें। ऐसे ही लोकप्रिय नायकों में गाँधीजी का नाम सर्वोपरि है।

महात्मा गाँधी के महान आदर्श, चुम्बकीय व्यक्तित्व, उत्साह, दृढ़ता, साहस, उच्च चेतना, ईमानदारी, वफादारी, बन्धुत्व, गम्भीरता, सदाशयता एवं प्रेमभाव के कारण प्रत्येक साहित्यकार तथा फनकार का ध्यान उनकी ओर अवश्य जाता है और उसे चिन्तन–मनन करने पर मजबूर करता है।

यही वजह है कि देश–विदेश में महात्मा गाँधी पर इतना कुछ लिखा–पढ़ा गया है कि शायद ही उनके जीवन का कोई क्षेत्र बाकी बचा हो। वह वस्तुतः एक सागर हैं, जिसे गागर में भरना असम्भव है।

गाँधीजी दुनिया के वह महान इंसान हैं जो कि किसी विशेष देश, किसी विशेष नस्ल, किसी विशेष वर्ग और किसी विशेष समुदाय के हित के लिए नहीं हैं। बल्कि समस्त विश्व के हित के बारे में सोचते हैं। उनका सम्बन्ध

किसी विशेष देशकाल से नहीं बल्कि पूरे संसार के इंसानों से है। वह किसी एक काल के लिए नहीं बल्कि प्रत्येक काल के लिए शीर्षस्थ और अनुकरणीय हैं। महान वैज्ञानिक अल्बर्ट आइंस्टीन ने गाँधीजी के बारे में 1944 में लिखा था– "आने वाली नस्लें शायद मुश्किल से ही विश्वास करेंगी कि हाड़–मांस से बना हुआ कोई ऐसा व्यक्ति भी धरती पर चलता–फिरता था।"

गाँधीजी की भूमिका और सेवाओं पर प्रकाश डालते हुए उन्होंने यह भी लिखा है– "अपने राष्ट्र का ऐसा लीडर जिसे बाह्य शक्ति का सहारा प्राप्त नहीं था। एक ऐसा राजनेता जिसकी सफलता किसी प्रयोजन या तकनीक पर निर्भर नहीं बल्कि मात्र उसके व्यक्तित्व की प्रभावी शक्ति पर है।

एक ऐसा संघर्षकर्ता जिसने शक्ति के प्रयोग से नफरत की। एक ऐसा व्यक्ति जिसके दिमाग में प्रबुद्धता और स्वभाव में शालीनता थी, जिसने अपनी सम्पूर्ण क्षमता अपने राष्ट्र के कल्याण पर लगा दी, और इस तरह सदैव के लिए उत्कृष्ट हो गया।"

सुन तो जरा जहाँ में, है तेरा फसाना क्या।

कहती है तुझको खल्के खुदा, गायबाना क्या।।

आमतौर पर लोग गाँधीजी को एक बड़े प्रभावशाली और सफल राजनेता के रूप में जानते हैं। कुछ उन्हें चरखे और खादी के ध्वजा वाहक की हैसियत से जानते हैं। कुछ उन्हें सत्याग्रह और अहिंसा की रणनीति का आविष्कारक मानते हैं।

कुछ लोग उनकी पत्रिका 'हरिजन' के सम्बन्ध से उनसे परिचित हैं। लेकिन यह कहना समुचित होगा कि गाँधीजी बहुआयामी व्यक्तित्व के धारक थे। वह एक नवीन सामाजिक व्यवस्था स्थापित करना चाहते थे जिसमें एक इंसान या एक वर्ग किसी दूसरे का शोषण न कर सके। समाज को बनाने–संवारने में और उसकी जरूरतों के साधन उत्पन्न करने में सब बराबर की हैसियत से सम्मिलित रहें। संसाधनों का वितरण जात–पात और जन्म के आधार पर न हो। धन–सम्पत्ति के धारक उसे मात्र अपना अधिकार न समझें। ज्ञान एवं व्यवहार अलग–अलग नहीं बल्कि एक दूसरे के सहायक हों।

गाँधीजी का स्वच्छता–दृष्टिकोण

यदि हम गाँधीजी के सपनों के स्वच्छ भारत की बात करते हैं तो हमारे मन में क्या विचार आते हैं? क्या गाँधीजी के निकट स्वच्छता सिर्फ घर और घर के बाहर मौजूद गन्दगी को इधर–उधर फेंकने और फैलाने की बजाए उसे निर्धारित स्थलों तक पहुँचाना था?

प्रधानमन्त्री नरेन्द्र मोदी ने इस अभियान को शुरू किया है जो प्रशंसनीय है। जगह–जगह हमें स्वच्छ भारत के पोस्टर गाँधीजी के चित्र के साथ दिखाई देते हैं। क्या गाँधीजी का विचार यहीं तक सीमित था? एक स्वस्थ शरीर में ही स्वस्थ मस्तिष्क रहता है– और उत्तम स्वास्थ्य सफाई के बगैर सम्भव नहीं। मेरे विचार में गाँधीजी का स्वच्छता का विचार "स्वच्छ भारत" के वर्तमान विचार से उच्चतर है। इस पर चिन्तन करने की जरूरत है।

यदि हम गाँधीजी की स्वच्छता की विचारधारा पर चिन्तन करें तो यह परिणाम सामने आता है कि गाँधीजी की स्वच्छता की विचारधारा हार्दिक स्वच्छता की विचारधारा थी। उनका यह दृढ़ विश्वास था कि हमारा हृदय, हमारी सोच धोखा–धड़ी, कपट, नफरत से पाक रहे।

इससे दूसरों पर इसका प्रभाव पड़ेगा। इस तरह पूरा समाज स्वच्छ हो जाएगा। इस तरह सामूहिक रूप से आन्तरिक स्वच्छता का परिवेश बनेगा जो पूरी सृष्टि पर छा जाएगा। इस तरह पूरे विश्व से युद्ध, हिंसा, नफरत, छुआ–छूत शोषण, असमानता जैसी कुरीतियाँ समाप्त हो जाएँगी।

जीवन के सभी क्षेत्र पवित्र हो जाएँगे चाहे वह पर्यावरण हो, अर्थव्यवस्था हो, राजनीति हो या समाज। अर्थात जीवन के प्रत्येक क्षेत्र में हमारा अन्तःकरण, हमारी सोच, हमारा दृष्टिकोण हर तरह की गन्दगी से शुद्ध रहें। इस प्रसंग में गाँधीजी के निम्न कथन उल्लेखनीय हैं–

1. जो व्यक्ति नफरत की भावना से मुक्त है, उसे तलवार की जरूरत नहीं।
2. कुव्यवस्था बर्बादी का कारण बनती है।

3. दूसरों के दुर्गुण न देखो। स्वयं अपने कर्मों का अवलोकन करों। इस तरह तुम वास्तविक अर्थों में प्रसन्न रहोगे।
4. सच्चा प्रेम समुद्र की तरह असीम है। यह सभी सीमाओं को पार करके अपने भीतर सम्पूर्ण सृष्टि को समाहित कर लेता है।

खुदी को कर बुलन्द इतना कि हर तकदीर से पहले।

खुदा बन्दे से खुद पूछे बता तेरी रजा क्या है।।

गाँधीजी का वास्तविक सपना दिलों को बदलना था, शक्ति से हालात को बदलकर वक्ती फायदा उठाना नहीं था। वह मानवीय समुदाय में नैतिक रूप से सन्तुलन पैदा करना चाहते थे। वह एक ऐसा हार बनाना चाहते थे जिसका हर दाना एक दूसरे से जुड़ा हुआ हो।

उनका उद्देश्य था कि एक इंसान दूसरे इंसान के काम आये। वे एक दूसरे के पूरक बन जाएँ। जिसके पास जो कुछ है वह उसमें से दूसरों को भी दे ताकि सभी साधन–सम्पन्न हो जाएँ।

साए की खातिर रहता है पेड़ का पत्ता–पत्ता एक

दरिया की तशकील हो कैसे, अगर न हो कतरा एक

यकजहती का आईना भी वह आईना है जिस पर कि

सबकी नजर पड़े तो सबको दिखाई दे हर चेहरा एक

यकजहती का माला, और तस्बीह का दाना–दाना एक

यकजहती की शमा के हल्के को है हर परवाना है

खड़ा है जैसे कोहे हिमाला बनाके एक मजबूत कतार

इसी तरह हम भी हो जाएँ मिलाके शाना बशाना एक

गाँधीजी का मानना था कि अगर हम खुदा को सिर्फ अपने जेहन से नहीं

बल्कि दिल और जान से मानते हैं तो हम सम्पूर्ण मानवजाति से बगैर किसी धार्मिक, जातीय एवं वर्गीय भेदभाव के प्रेम करेंगे।

मैंने कभी अपने परिचितों, अपरिचितों, देशवासियों, परदेसियों, गोरों और कालों, किसी भी धर्म के मानने वालों चाहे वे हिन्दू, मुस्लिम, सिख, ईसाई, पारसी, यहूदी हों, किसी के साथ भी भेदभाव नहीं किया है। मैं यह कह सकता हूँ कि मेरे भीतर इस भेदभाव को कायम रखने की क्षमता नहीं है।

गाँधीजी का आन्तरिक जीवन गहन धार्मिक जीवन था जिससे उनके समस्त बाह्य व्यवहार में सार्थकता एवं शक्ति पैदा होती थी।

लेकिन वह धर्म के आधार पर भेदभाव नहीं चाहते थे। वह जीवन भर संघर्षशील रहे। उनका यही प्रयास रहा कि जितना सम्भव हो सके वह दिन में अधिक से अधिक लोगों के साथ घुलमिल सकें।

अपने आप को अहंकार के बन्धनों से मुक्त रखना उनके जीवन का महत्वपूर्ण उद्देश्य रहा है, और उनकी समस्त राजनीतिक, सामाजिक गतिविधियों में यह भावना क्रियाशील रही है। आप सभी धर्मों का समान रूप से आदर करते थे और उनकी उत्तम शिक्षाओं की सराहना करते थे।

आपकी यह आस्था थी कि प्रत्येक धर्म में ईश्वर की मान्यता विद्यमान है। सत्य एक है, जिसे विभिन्न रूपों में व्यक्त किया गया है। वे चाहते थे सभी धर्मावलम्बी चाहे वह हिन्दू धर्म, इस्लाम, ईसाइयत, जरतुश्त किसी भी धर्म के मानने वाले हों धर्म की मूल–भावना को अपनाएँ। और इस तरह विभिन्न धर्मों के बीच सदभाव पैदा हो सके।

गाँधीजी की सोच में व्यापक स्तर पर धार्मिक उदारता थी। मगर इस उदारता का आशय धार्मिक उन्मुक्तता नहीं था। बल्कि विवेक पर आधारित सभी धर्मों के जाहिरी विभेद के बावजूद एक ही वास्तविकता की स्वीकृति है।

गाँधीजी की मान्यता थी कि धर्म इसलिए नहीं है कि इंसानों को एक दूसरे से अलग करें। बल्कि इसलिए है कि मनुष्यों को एकजुट करें। यह दुर्भाग्य है कि आजकल धर्मों को इस तरह से विकृत कर दिया गया है कि

वही इंसानों के रक्तपात का कारण बन गए हैं। इस सम्बन्ध में गाँधीजी के विचार ये हैं–

1. कोई भी धर्म दमन और अत्याचार की अनुमति नहीं देता।
2. सत्य और सदाचार से बढ़कर कोई धर्म नहीं है।
3. विभिन्न धर्मों में समरसता तभी सम्भव है जब किसी एक धर्म के मानने वाले अन्य धर्मों के मानने वालों का सम्मान करें।
4. यदि ईश्वर पर सच्ची आस्था रखते हो तो उसके छोटे से छोटे जीव का हित तुम्हारे मन में होना चाहिए।
5. ईश्वर का सच्चा भक्त तलवार चलाने की शक्ति और साहस रखता है। लेकिन वह तलवार नहीं चलाता। क्योंकि वह जानता है कि प्रत्येक मनुष्य में ईश्वर का बिम्ब है।

गाँधीजी के इन कथनों के प्रकाश में यह अनुमान लगाया जा सकता है कि धर्म के नाम पर हमारे दिलों में जो कपट और कटुता भरी है, इस गन्दगी को भी दिल से शुद्ध करना चाहिए।

मुझे मन्दिरों ने सदाएँ दीं कि तेरे काम से अमां मिली

तुझे मस्जिदों ने दुआएँ दीं कि तबाहियों से बचा लिया

गाँधीजी का भारत विविधता में एकता की विशेषता रखता है। यह वह धरती है जहाँ विभिन्न धर्मों, सभ्यताओं, भाषाओं, जातियों के लोग सदियों से मिल–जुल कर रहते आए हैं।

जिधर निगाह उठे उस तरफ नया है समां

न एक रंग तबीअत, न एक रंगे जबां

गाँधीजी के जीवन का एक बड़ा मिशन यह भी था कि देशवासी भाईचारे के रिश्ते में बन्ध जाएँ। वह देश की आजादी के साथ–साथ परस्पर प्रेम और भाईचारा कायम करने के भी इच्छुक थे। लेकिन जातिवाद, छुआछूत

जैसी– कुरीतियों ने समाज में जो अशान्ति पैदा की उसे गाँधीजी ने कभी स्वीकार नहीं किया। उनका कहना था कि ये कुरीतियाँ राष्ट्र के शरीर में नासूर की तरह हैं और प्रगति के मार्ग में रुकावट हैं। वह कहते थे कि मैं इंसानों के बीच असमानता का समर्थक नहीं हूँ, हम सब समान हैं। लेकिन यह समानता आध्यात्मिक है, शारीरिक नहीं है।

हमें इस विषय पर मनन करना चाहिए कि वर्तमान संसार में जो असमानता पायी जाती है, उसका कारण क्या है? हमें किस प्रकार समानता प्राप्त करनी चाहिए।

यह ध्यान रहे कि किसी व्यक्ति का अन्य व्यक्ति पर श्रेष्ठता जताना पाप है। अतः जातिवाद जहाँ इस अर्थ में हो कि लोगों की सामाजिक सियत में अन्तर आ जाए तो यह बहुत बुरी बात है।

छुआछूत हमारे समाज में अभिशाप की तरह फैला हुआ है। यह ऐसी गन्दगी है कि इसे जड़ से उखाड़ फेंकना समय की सबसे बड़ी अनिवार्यता है। कौन "छूत" है कौन "अछूत", यह विभेद मिटाकर दोनों पक्ष भाई–भाई की तरह गले लग जाएँ, यह गाँधीजी का एक अरमान, एक सुनहरा स्वप्न रहा है।

गाँधीजी हिन्दू धर्म के सच्चे अनुयायी थे। मगर अन्य धर्मों एवं आस्थाओं से वह दुराव नहीं रखते थे। उनका कहना था कि यह असम्भव है कि कोई व्यक्ति मेरे पिछले 50 वर्षों के कामों में से कोई भी एक ऐसा काम बताये जिसके बारे में यह साति हो सके कि वह काम मैंने किसी व्यक्ति विशेष या समुदाय विशेष की दुश्मनी में किया हो।

मैंने किसी को अपना शत्रु नहीं समझा, न किसी जीवधारी का बुरा चाहा। मेरी आस्था मुझे इसकी अनुमति नहीं देती। मैं सिर्फ हिन्दुओं में छूत–अछूत की एकता नहीं बल्कि हिन्दू, मुसलमानों, ईसाइयों, यहूदियों और पारसी सभी धर्मावलम्बियों के बीच एकता चाहता हूँ।

हम सबको जल्द ही यह एहसास हो जाएगा कि हम एक दूसरे से अलग नहीं बल्कि हम सब एक हैं। छुआछूत को पूरी तरह से खत्म करने का संकल्प

करते हुए गाँधीजी ने कहा था। मुझे नहीं मालूम कि इस कुरीति को खत्म करने का मेरा सपना मेरे जीवन में साकार हो सकेगा या नहीं। हमारा समाज इस अभिशाप से मुक्त होगा या नहीं। यह भेदभाव समाप्त होगा या नहीं।

1. अगर मेरे पास देने को कुछ और होता तो मैं इस अभिशाप को दूर करने के लिए दे डालता। मगर मेरे पास इस प्राण के अतिरिक्त कुछ नहीं है।

2. मेरे सपने के स्वराज में जातीय अथवा धार्मिक भेदभाव के लिए कोई स्थान नहीं है।

3. छुआछूत की कुरीति का उन्मूलन समय की सबसे बड़ी अनिवार्यता है।

4. जब तक एक इंसान खुद को दूसरे इंसान से निम्नतर समझता रहेगा, उस समय तक समानता–समता कदापि स्थापित नहीं होगी।

गाँधीजी की तीव्र इच्छा थी कि सभी इंसान अपने कर्तव्य से भली–भाँति परिचित हों और अपनी जिम्मेदारियों का पालन करें ताकि समाज में अपनी सही भूमिका निभा सकें।

यदि अपने कर्तव्यों और जिम्मेदारी का बोझ दूसरों पर डाल कर चलेंगे तो कुव्यवस्था पैदा हो जाएगी और यही दायित्वहीनता लोगों को अस्तव्यस्त कर देगी।

समाज में कुव्यवस्था तथा उपद्रव से शान्ति एवं सुरक्षा कायम न रहेगी तो यह अपने कर्तव्यों से अनभिज्ञता तथा दायित्वहीनता समाज के लिए किसी गन्दगी से कम नहीं है।

गाँधीजी का मानना था कि कोई काम करना है तो उसे उतनी ही सावधानी के साथ करो जितना आप उस काम में दिल लगाते हैं जो आपके निकट महत्वपूर्ण होता है। इसलिए कि इन्हीं छोटी–छोटी चीजों से आपके चरित्र का आकलन किया जाएगा।

स्वच्छ भारत

एक कदम स्वच्छता की ओर

हमारे समाज में एक बड़ी खराबी यह पैदा हो गई है कि पूँजीपति और जमींदार अपने अधिकारों का उल्लेख करते हैं और दूसरी ओर मजदूर अपने अधिकारों का। राजा–महाराजा अपने शासन का राग अलापते हैं और प्रजा अपने इस अधिकार का कि वह आज्ञापालन करती है। यदि यही लोग अपने अधिकारों पर जोर देने के साथ अपने कर्तव्यों और इंसान की हैसियत से अपनी जिम्मेदारियों का एहसास पैदा कर लें तो क्या कहना।

हमारा फर्ज होना चाहिए कि हम एक दूसरे से दोस्ताना सम्पर्क स्थापित करें। एक दूसरे के दुख और सुख में शरीक हों। मुसीबत में एक दूसरे के काम आएँ। अगर हमारे पास कुछ है और दूसरा उससे वंचित है तो उसका हिस्सा भी लगाएँ। किसी को हीन और अपने को श्रेष्ठ न समझें। और जीवन के किसी भी क्षेत्र में खुद को भेदभाव का कारण न बनने दें।

इस सम्बन्ध में गाँधीजी के कुछ विचार निम्नलिखित हैं–

1. मानवता का हित अन्य सभी हितों से श्रेष्ठ है।

2. यदि हम अपने कर्तव्य निभाएँगे तो अधिकारों की प्राप्ति में कोई बाधा नहीं आएगी।

3. यदि कोई व्यक्ति दूसरों के मुकाबले खुद को श्रेष्ठ समझता है तो यह दुर्भावना खुदा और इंसान की निगाह में पाप है।

4. दैनिक जीवन की कठिनाइयों का सहज भाव से मुकाबला करने में इंसान की भावी तरक् की निर्भर है।

5. जो काम अपार त्याग पेश करने की भावना और साहस रखती है वह प्रगति की असीमित ऊँचाइयों पर पहुँचने की क्षमता भी रखती है। जितना त्याग वास्तविक होगा उतनी ही सफलता जल्द प्राप्त होगी।

6. जब तक देश का कोई भी योग्य एवं सक्षम पुरुष स्त्री रोजगार एवं भोजन में वंचित है, हम पर दो समय का खाना और आराम हराम है। बल्कि हमें इस सूरतेहाल पर शर्मिन्दा होना चाहिए।

7. राजनेताओं से जिन गुणों की अपेक्षा की जाती है वे हैं संयम, निडरता और सबसे बढ़ कर त्याग और कुर्बानी।

8. यदि हमें तरक् की करनी है तो हम इतिहास को दोहराएँ नहीं, बल्कि नया इतिहास बनाएँ। हम उस पैतृक धरोहर को जो हमारे पुरखों ने छोड़ी है अपनी ओर से उसमें वृद्धि करें। और दृश्य–जगत में नये अविष्कार तथा खोज कार्य करें।

9. मेरी राय में सत्ता सेवा का माध्यम है। जिन लोगों पर पद सम्भालने की जिम्मेदारी आती है उन्हें यह काम प्रसन्नता और उत्तम क्षमता का प्रयोग करते हुए करना चाहिए।

गाँधीजी अहिंसा और सच्चाई के पक्षधर थे। उनका मानना था कि मेरा शरीर उसी तरह नश्वर है जैसे मेरे कमजोर सहजीवी का। मैं उतना ही पापी हूँ जितना कोई अन्य मानव।

अपने पापों का स्वीकार एक झाड़ू की तरह है जिससे अन्तःकरण की

धूल झड़ जाती है और वह पहले की अपेक्षा अधिक शुद्ध हो जाता है। मुझे अपनी गलती को स्वीकार करने के बाद यह महसूस होता है कि मेरी शक्ति पहले से बढ़ गयी है।

गाँधीजी की अभिलाषा थी कि लोग आपस में इस तरह घुलमिल कर रहें कि किसी का किसी पर वर्चस्व न रहे।वर्चस्व की जरूरत तो सम्राटों को दरबार में होती है।

उनका कहना था कि मैं मुसलमानों, ईसाइयों, पारसियों और यहूदियों का उसी तरह सेवक हूँ जैसे हिन्दुओं का। सेवक को प्रेम की आवश्यकता होती है रौब और दबदबे की नहीं।

सभी इंसानों को हिंसा से मुक्त होकर जीने और मरने की कला आनी चाहिए।

गाँधीजी को यकीन था कि वह समय जरूर आएगा चाहे उसकी अवधि अल्प क्यों न हो जब बुराई करने की क्षमता लोगों मे कम हो जाएगी। और विचारधारा के आधार पर दुनिया जुल्म, अन्याय, दम्भ, नैतिक बुराइयों से दूर होने लगेगी। तभी जाकर मेरी अहिंसा सम्पूर्ण–मानवजाति के दिलों को प्रभावित करेगी, इससे पहले नहीं। इस सम्बन्ध में कुछ कथन निम्नलिखित हैं–

1. अहिंसा पराक्रम का सबसे ऊँचा शिखर है।
2. नफरत हिंसा की दुर्बलतम स्थिति है।
3. मेरे निकट एक इंसान का किसी अन्य इंसान पर वर्चस्व पाना मानवता के विपरीत है।
4. प्रेम से जो कुछ मिलता है वह सदैव कायम रहता है। नफरत से जो कुछ मिलता है वह बोझ बन जाता है। क्योंकि इससे नफरत और अधिक बढ़ जाती है। हम सबका यह फर्ज है कि नफरत को मिटाएँ और प्रेम को बढ़ाएँ।
5. यदि तुम इसका एहसास नहीं कर सकते कि दूसरे की आस्था

भी तुम्हारी आस्था की तरह सच्ची है तो कम से कम तुम्हें इतना तो मानना चाहिए कि अन्य लोग इतने सच्चे हैं, जितने कि तुम हो।

6. अहिंसा और एकता से पैदा होने वाली शक्ति इंसान द्वारा आविष्कृत समस्त हथियारों से हजार गुना बेहतर है।

7. गाँधीजी विश्व स्तर पर शान्ति एवं सुरक्षा के इच्छुक थे, उनका उद्देश्य था कि सारे विश्व से मित्रता की जाए। अत्याचार तथा बुराई का अधिक से अधिक विरोध किया जाए, और इंसानों से जितना अधिक हो सके प्रेम किया जाए। गाँधीजी का मानना था कि अगर एक व्यक्ति आध्यात्मिक उत्थान करता है तो सारी दुनिया उसके साथ उत्थान करती है। यदि एक व्यक्ति नीचे गिरता है तो सारी दुनिया एक सीमा तक गिर जाती है।

कोई एक नेकी भी ऐसी नहीं जिसमें केवल व्यक्ति की भलाई उद्देश्य या पर्याप्त समझी जाए। इसी तरह कोई नैतिक अपराध ऐसा नहीं जिसका प्रभाव अपराधी के अलावा और बहुत से लोगों पर न पड़ता हो।

इसीलिए किसी व्यक्ति का बुरा या भला होना सिर्फ उसका निजी मामला नहीं है। वस्तुतः उसका सम्बन्ध सिर्फ सम्पूर्ण समाज से नहीं है बल्कि पूरे विश्व से है।

जिस तरह समुद्र की एक बूँद में समुद्र की विशालता विद्यमान है, यद्यपि उसे इसका आभास नहीं। मगर जैसे ही वह समुद्र से अलग होकर एक पृथक अस्तित्व बनना चाहता है– सूख कर रह जाता है। इसमें कोई अतिरंजना नहीं।

जिन्दगी बुलबुला है पानी का

हम सब इंसानों को चाहिए कि दिल व जान से सारी सृष्टि का भला चाहें और यह दुआ करें कि हमें सबके साथ भलाई करने की शक्ति प्राप्त हो। सबका भला चाहने में खुद हमारा भला है।

जो व्यक्ति अपना या सिर्फ अपने समुदाय का कल्याण चाहता है, वह स्वार्थी है, उसका कभी भला नहीं हो सकता। हमारा देशप्रेम का दायरा सीमित नहीं बल्कि इसके दायरे में सारी दुनिया आ जाती है।

प्रेम कभी कोई अपेक्षा नहीं करता बल्कि वह हमेशा कुछ देता है। प्रेम हमेशा दुख सहता है शिकायत नहीं करता। न ही वह किसी से बदला लेता है।

अम्ने आलम का तलबगार अगर है इंसां

मेरी तालीम पर सर उसको झुकाना होगा

नफरत व बुग्ज़ू की लानत को मिटाकर यकसर

रास्ता जीस्त का हमवार बनाना होगा

सच्ची शिक्षा यह है कि हमारे भीतर जो उत्तम क्षमताएँ हैं उन्हें उभारें। मानवता की पुस्तक से बेहतर कोई पुस्तक नहीं। गाँधीजी की दृष्टि में मन–मस्तिष्क की सच्ची शिक्षा सिर्फ शरीरांगों जैसे हाथ, पैर, नाक, कान आदि के सही इस्तेमाल और प्रशिक्षण ही से हो सकती है।

दूसरे शब्दों में बच्चे का अपने अंगों से समझबूझ कर काम लेना, उसके मानसिक एवं शारीरिक विकास के लिए सबसे अच्छा और सबसे निकट का रास्ता है। मगर ऐसा मानसिक एवं शारीरिक विकास जिसके साथ आत्मा की जागृति न हो अधूरा और त्रुटिपूर्ण है। जैसे यदि आपका हृदय शुद्ध नहीं है और आप अपनी भावनाओं पर काबू नहीं पा सकते तो आप शिक्षित इंसान कभी नहीं हो सकते।

शिक्षा से उनका आशय बच्चे और प्रौढ़ दोनों हैं। उनके मस्तिष्क, शरीर और आत्मा के भीतर जो उच्च क्षमताएँ मौजूद हैं, उन्हें उभारना है। लिखने–पढ़ने की योग्यता शिक्षा का मापदण्ड नहीं है। बल्कि वास्तव में यह शिक्षा का प्रारम्भ भी नहीं है। यह मात्र एक माध्यम है जिससे कि शिक्षा दी जा सकती है। इसलिए बच्चे की शिक्षा इस तरह शुरू की जाए कि उसे कोई लाभप्रद दस्तकारी सिखायी जाए, ताकि बच्चे को इस योग्य बनाया जा सके कि वह

पहले ही दिन से कोई काम की वस्तु पैदा करने लगे। इस तरह हर व्यक्ति आत्मनिर्भर बन सकता है।

इस तरह की शिक्षा शैली से मस्तिष्क और आत्मा का समुचित उन्नयन हो सकता है। इस ग़लत और निराधार विचार को मन से निकाल दें कि योग्यता सिर्फ पुस्तकें पढ़ने से प्राप्त हो सकती है।

लिखना और पढ़ना सीख लेना स्वयं से मानव की नैतिक क्षमता में कोई वृद्धि नहीं करता। चरित्र निर्माण का साक्षर होने से कोई सम्बन्ध नहीं है। इंसान जो कुछ करता है, उसके कर्म ही बाकी रहते हैं, न कि उसका लेखन और भाषण।

3

भारत में स्वच्छता की आवश्यकता

68वें स्वाधीनता–दिवस के अवसर पर माननीय प्रधानमन्त्री, श्री नरेन्द्र मोदी जी का 'हर नागरिक के लिए शौचालय' का आह्वान वास्तव में 'शौचालय' पर एक बहुत ही उत्साहजनक निर्णय है, जो स्वतन्त्रता के बाद से देश के किसी भी प्रधानमन्त्री ने पहले कभी नहीं किया।

2019 में राष्ट्रपिता महात्मा गाँधी की 150वीं जयंती से पहले देश के प्रत्येक नागरिक के लिए शौचालय की व्यवस्था और स्वच्छ भारत पर राष्ट्रीय अभियान के लिए प्रधानमन्त्री की घोषणा साहसिक और सराहनीय कदम है।

प्रधानमन्त्री ने बड़े औद्योगिक और व्यावसायिक घरानों का आह्वान किया कि वे अपने 'सामाजिक उत्तरदायित्व' को समझें और अपने लाभों का एक हिस्सा स्वच्छता–विकास के लिए खर्च करें।

देश के लोगों और व्यवसायियों ने दशकों से चली आ रही स्वच्छता की समस्या को हल करने के प्रति समर्पण और प्रतिबद्धता दर्शायी है, जिसमें सुलभ इन्टरनेशनल भी शामिल है, और वे प्रधानमन्त्री की प्रतिबद्धता से बहुत प्रसन्न हुए हैं।

देश को वर्ष 2019 तक अपने सभी नागरिकों में से कम–से–कम 57 प्रतिशत के लिए सुरक्षित स्वच्छता की व्यवस्था करनी होगी। लेकिन कुल घरों

में से केवल 46 प्रतिशत और ग्रामीण क्षेत्रों में 30 प्रतिशत घरों के भीतर शौचालय हैं (भारत सरकार, 2013), जबकि 59 प्रतिशत जनसंख्या अब भी खुले में शौच करती है (विश्व–स्वास्थ्य–संगठन–यूनिसेफ, 2012), खुले में शौच करना न केवल लोगों को एक गरिमामयी जीवन जीने में बाधक है, बल्कि समुदायों के स्वास्थ्य के लिए व्यापक जोखिम भरा भी है, यह बात देश में प्रति 1,000 शिशुओं के जन्म पर 47 शिशुओं की मृत्यु की दर से स्पष्ट हो जाती है, ग्रामीण क्षेत्रों में यह आँकड़ा 51 प्रतिशत होता है, जहाँ पर ये ज्यादातर मौतें डायरिया–जैसे पानी–जनित रोगों के कारण होती हैं, (भारत–सरकार, 2010) इन स्वास्थ्य–जोखिमों से चिकित्सा–खर्चों और उत्पादक दिवसों की हानि का दृष्टिगत व्यापक वित्तीय बोझ पड़ता है, स्कूल–स्वच्छता में पर्याप्त मासिक धर्म स्वास्थ्य–प्रबंधन–प्रणालियों की सहायता से किए गए सुधारों ने बालिकाओं की अनुपस्थिति में कमी लाने और शैक्षणिक परिणामों में सुधार लाने में मदद मिली है।

सुलभ और इसकी सहयोगी संस्थाएँ लाभ–हानि रहित गैर–सरकारी संस्थान हैं और सार्वजनिक हित में वैश्विक पर्यावरणीय स्वच्छता को बढ़ावा देने के लिए सेवारत हैं।

सुलभ का प्रमुख जोर क्षमता–निर्माण, कौशल–उन्नयन, ज्ञान के आदान–प्रदान, प्रौद्योगिकी–हस्तांतरण के जरिए स्थाई जल एवं स्वच्छता–सुविधाओं में योगदान करना और विकासशील विश्व में साधनों से वंचित अरबों की जनसंख्या के जीवन की गुणवत्ता में सुधार के लिए सामाजिक परिवर्तन लाने पर है।

शौचालय–सम्बन्धी स्वच्छता की दिशा में प्रयास

सुलभ ने व्यक्तिशः आवासों के उपयोग के लिए जुड़वाँ गड्ढे युक्त फ्लश–खाद–शौचालयों, सामुदायिक उपयोग के लिए 'भुगतान एवं प्रयोग'–आधार पर सार्वजनिक शौचालयों और सार्वजनिक शौचालयों से जुड़े बायोगैस डाइजेस्टर्स से बायोगैस के उत्पादन के जरिए जैव–ऊर्जा–प्रणालियों के सृजन और पशुओं के गोबर का इस्तेमाल करते हुए बायोगैस के उत्पादन की खोज और उसके प्रोत्साहन पर जोर दिया है।

इस प्रकार उत्पादित बायोगैस का इस्तेमाल कुकिंग–गैस, विद्युत–उत्पादन, पथ–प्रकाश और शरीर को गर्मी देने आदि के उद्देश्यों के लिए किया जा रहा है, सुलभ ने प्रवाह–शोधन–प्रौद्योगिकी का अन्वेषण किया है, जिसमें मानवीय मल–मूत्र आधारित बायोगैस–संयंत्र से निकलने वाला पानी रंग–रहित, गंध–रहित, रोगाणु–रहित हो जाता है, जिसे जलजीव–स्थलों कृषि–कार्यों अथवा किसी भी जलाशय में छोड़ने के लिए सुरक्षित रूप में इस्तेमाल किया जा सकता है।

नागरिकों को संवेदनशील करने और स्वच्छता विकास में लोगों की भागीदारी को प्रोत्साहन देने के लिए सुलभ निम्नलिखित के महत्व को भली–भाँति समझता है–

1. नागरिकों में जागरुकता, प्रेरणा और स्वच्छता–विकास में भागीदारी के जरिए संवेदनशीलता सुनिश्चित करना।
2. स्थानीय निकायों और निजी क्षेत्र की अधिक प्रभावी भूमिका के साथ सभी भागीदारों की सघन और दायित्वपूर्ण संबद्धता।

3. स्वच्छता, स्वास्थ्य और पर्यावरणीय संरक्षा के प्रति सक्रिय दृष्टिकोण।

4. सार्वजनिक–निजी लोग–भागीदारी खड़ी करना।

5. समाज में स्वास्थ्य, स्वच्छता और साफ–सफाई में सुधार के लिए परिवर्तनकारी के तौर पर स्कूली बच्चों और शिक्षको में जागरुकता पैदा करना

6. बच्चों को प्रमुख मानवीय संसाधन और विद्यालयों को ज्ञान केन्द्रों के तौर पर विकसित करना, भारत में स्वच्छता को केन्द्र बिन्दु में रखते हुए समुदाय के सम्बन्ध में छात्र के पूर्ण व्यक्तित्व–विकास और पर्यावरण के प्रति पूर्ण समर्पण की भावना पैदा करने के उद्देश्य के साथ 'विद्यालय–स्वच्छता–क्लब' की स्थापना।

स्वच्छता, साफ–सफाई और जन–स्वास्थ्य

सुरक्षित पेय–जल और स्वच्छता–सुविधाएँ स्वास्थ्य और गरीबी, भूख, शिशु–मृत्यु और स्त्री–पुरुष असमानता के विरुद्ध संघर्ष में सफल होने की पूर्व शर्त है। यह पृथ्वी पर हर महिला, पुरुष और बच्चे के मानवाधिकारों तथा व्यक्तिगत गरिमा का भी केन्द्र है।

अभी 2.6 अरब विकासशील देशों के आधे लोगों के पास यहाँ तक की सामान्य 'अच्छा' शौचालय भी नहीं है। छह में से एक व्यक्ति के पास एक अरब से अधिक लोगों के पास बहुत कम साधन हैं और उन्हें पानी के बहुत हानिकार स्रोतों और असुरक्षित स्वच्छता–सुविधाओं का प्रयोग करना पड़ता है।

अच्छी गुणवत्ता की स्वच्छता–शिक्षा, सुरक्षित पानी और साफ–सफाई के बगैर जन–स्वास्थ्य के स्थायी परिणाम प्राप्त करने में अक्सर असफलता हाथ लगती है।

स्वास्थ्य में सुधार के लिए जल–बिन्दुओं और शौचालयों का निर्माण एक अच्छा कदम है, परन्तु अनुचित जल–भंडारण और दोषपूर्ण हाथ धोने के तरीके

अब भी समस्या बन सकते हैं। संयुक्त–राष्ट्र एजेंसियों ने यह प्रमाणित और स्वीकार किया है कि साबुन और पानी के साथ सामान्य तरीके से हाथ धोने से डायरिया–रोग के फैलने पर एक–तिहाई तक अंकुश लगाया जा सकता है, अस्सी प्रतिशत बाल–रोग जल–जनित बीमारियों के कारण होते हैं और करीब 30 प्रतिशत शिशु–मृत्यु डायरिया और इसके प्रभाव के कारण होती है।

सबके लिए प्रभावशाली और दक्षतापूर्ण स्वच्छता

हासिल करने के लिए गुणवत्ता स्वच्छता–प्रोत्साहन एक महत्वपूर्ण और अनिवार्य कारक है। सुलभ ने अपने सभी परियोजनाओं में स्वच्छता–आधारित कार्यों तथा जन–स्वास्थ्य से जुड़े सुरक्षित स्वच्छता के उपयुक्त प्रावधानों को शामिल किया है।

स्वच्छ भारत में योगदान

तेजी से बदलते और चुनौतीपूर्ण परिदृश्य में सरकार–स्थानीय निकाय अकेले ठोस एवं तरल कचरा–प्रबन्धन की विशाल समस्या को हल नहीं कर सकते, लैंडफिल के लिए भूमि मुश्किल से मिलती है। घरों में जमा होनेवाला कूड़ा मुख्यतः रसोई का कचरा होता है और जो ऐसे पदार्थ होते हैं, जिनका पुनः शोधन और पुनः उपयोग किया जा सकता है तथा शेष बची हुई सामग्री कूड़ा–मलबा होता है।

सुलभ घरेलू कचरे को स्वयं घरों द्वारा निपटान के नए तरीके की खोज करने की प्रक्रिया में है और इससे उत्पादित कचरे को लैंडफिल में डालने की अवधारणा को धीरे–धीरे समाप्त किया जा सकेगा। सुलभ का मानना है कि यह केवल सूक्ष्म स्तर से ही सम्भव है, 'स्वच्छ भारत' प्रक्रिया में प्रत्येक व्यक्ति को घरेलू कचरे की उचित तौर पर घर के स्तर पर ही हैंडलिंग का दायित्व महसूस कराना शामिल है, ग्रुप हाउसिंग सोसायटियों, बहु–मंजिला आवास–परिसरों और समुदायों को ठोस कचरे का अपने परिसरों में ही निपटान की व्यवस्था करने की आवश्यकता है।

अन्य कचरा उत्पादों, जिनका किफायती प्रौद्योगिकियों से पुनः शोधन और उचित पुनः उपयोग किया जा सकता है, का विशेष संस्थान–द्वारा

शिक्षित बेरोजगार और युवा स्वरोजगार कार्यक्रम आदि के तहत निपटान कर सकते हैं, शेष बचे हुए कचरे अर्थात रोड़ी, पत्थरों और मलबे आदि का उपयोग ड्रेनों को भरने अथवा सड़क की मरम्मत आदि के लिए किया जा सकता है।

'स्वच्छता और साफ–सफाई' में सुधार के सम्बन्ध में प्रमुख बाधा इस क्षेत्र को कम प्राथमिकता दिया जाना है। अच्छे स्वास्थ्य के सामाजिक और व्यवहार्य क्षेत्रों को नजरअन्दाज किया गया है, पर्यावरणीय स्वच्छता की दीर्घावधि निरन्तरता लोगों की समझ, जिनके लिए स्वच्छता–प्रणाली का निर्माण किया जा रहा है और शुरू से अन्त तक प्रक्रिया में उन्हें शामिल किए जाने पर निर्भर करता है, केवल मानवीय मल के निपटान पर ध्यान केन्द्रित किए जाने की बजाए जन–स्वास्थ्य के साथ सुरक्षित स्वच्छता को जोड़ना अनिवार्य है, यदि समस्या को पाँच वर्षों की अवधि में हल करना है और 'सबके लिए स्वच्छता' का लक्ष्य हासिल करना है तो इसके लिए एक समन्वित दृष्टिकोण कार्यक्रम और व्यवहारों का प्रमुख महत्व है।

स्वतन्त्रता के लिए राष्ट्रीय आन्दोलन में महात्मा गाँधी ने हर घर में 'चरखा' का नारा दिया था, सुलभ–स्वच्छता–आन्दोलन में प्रत्येक नागरिक के लिए शौचालय की उपलब्धता के बारे में बात करता है। अकेला सुलभ वैश्विक माँग को पूरा नहीं कर सकता। प्रधानमन्त्री का आह्वान लक्ष्य को हासिल करने में राष्ट्र को एकजुटता प्रदान करता है।

गन्दगी हटाने में उत्साह रहे

कई व्यक्ति गन्दगी से घृणा तो करते हैं, पर उसे हटाने से कतराते हैं। यह घृणा का विलक्षण तरीका है। चोर से घृणा तो की जाय पर जब वह घर में घुसे तो उससे दूर ही खड़ा रहा जाय, ऐसा करने से चोर को हटाया जाना कैसे सम्भव होगा? घर में कहीं बिल्ली ने टट्टी कर दी है अथवा चूहा मरा पड़ा है या कोई और ऐसी ही बात है, आप उसे छूने या हटाने से झिझकते हैं तो फिर वह गन्दगी हटेगी कैसे?

मलीनता से घृणा करना उसी का सार्थक है, जो उसे हटाने के लिए जुट जाए। जिससे ऐसा न बने उसके बारे में तो यही कहा जायगा कि स्वच्छता

से घृणा नहीं करता है। यदि ऐसा न होता ता गन्दगी को हटाने के लिए अपने शत्रु को खदेड़ने के वास्ते तत्परता प्रदर्शित क्यों न करता?

होना यह चाहिए कि जहाँ भी गन्दगी दिखाई दे, हम तत्काल एक क्षण भी बिना गँवाए उसे हटाने के लिए जितना अधिक उत्साही एवं सक्रिय रहेगा उसे उतना ही स्वच्छ रहने का आनंद मिलेगा।

जो सफाई तो चाहते हैं पर मैलेपन को हटाने से कतराते हैं, वे भला किस तरह अपनी अपनी चाहना को साकार बना सकेंगे? जहाँ कूड़ा–करकट देखा कि बुहारी लेकर उसे झाड़ने में तुरन्त जुट गए, जहाँ सामान अस्त–व्यस्त देखा, वहाँ तुरन्त उसे यथास्थान रखने में लग गये, यह स्वभाव जिसका बन जाय, समझना चाहिए कि उसे स्वच्छता प्रिय मनुष्य का सम्मान मिलेगा। जो गन्दगी को देखकर कुड़कुड़ाता तो है, नाक भी सिकोड़ता है, पर उससे बचता–बचता फिरता है, छूना नहीं चाहता, हटाने में गन्दगी के सम्पर्क में आना पड़ता है, उससे बचता है। वह स्वच्छता का नहीं, घृणा उपासक कहा जायगा। स्वच्छता तो एक वरदान है जो उसे मिलता है जिसे गन्दगी से लड़ने की साधना करने में उत्साह रहे।

गाँधी जी के साबरमती आश्रम में यह नियम था कि आश्रमवासी टट्टियाँ स्वयं साफ करें, दूसरे स्थानों की गन्दगी भी स्वयं हटावें। यह नियम उन्होंने इसलिए बनाया था कि आश्रमवासी अपनी स्वच्छता की अभिरुचि परिष्कृत करने की, मानवता की प्रथम परीक्षा को भली–भाँति उत्तीर्ण कर सकें।

कोई यह पूछता था कि यह कार्य मेहतर से क्यों न कराया जाय? तो वे यही उत्तर देते थे कि ऐसा करने पर अपनी गन्दगी को हटाने की परिष्कृत अभिरुचि का विकास न हो सकेगा और केवल शौचालय में ही नहीं वरन् अपने कार्यालय में भी आप गन्दगी के ढेर लगाये रहेंगे, इसलिए स्वच्छता के लिए गन्दगी हटाने की तत्परता आपको एक आध्यात्मिक एवं नैतिक साधना की तरह ही करनी चाहिए।

गन्दगी में इतना ही दोष नहीं है कि उससे बीमारियाँ फ़ैलने का डर है या देखने में कुरुपता प्रतीत होती है। यदि इतनी ही हानि होती तो उसे सहन

भी किया जा सकता था। यह भौतिक हानियाँ मात्र थीं, उनकी एक सीमा तक उपेक्षा भी की जा सकती है। बड़ी हानि तो स्वभाव के दूषित होने की है। गन्दगी सहने की आदत जिसे पड़ गई, उसका कोई कार्यक्रम व्यवस्थित नहीं रह सकता।

अव्यवस्था उसके स्वभाव का अंग बन जाती है। जो भी काम करता है, वे अधूरे, बेतरतीब, लँगड़े–लूले, टूटे–फूटे बने रहते हैं। आदि से अन्त तक वह एक भी काम को यथावत् नहीं कर पाता, फलस्वरूप उसका प्रतिफल भी संदिग्ध ही रहता है। अभी एक कार्य आरम्भ किया, वह पूरा न होने पाया कि दूसरा आरम्भ कर दिया, वह भी समेटा नहीं कि तीसरा शुरु हो गया। यह मानसिक अस्त–व्यस्तता ही गन्दगी की जननी है।

क्या घर का सामान, बिस्तर, कपड़े, बर्तन, पुस्तक, क्या उपार्जन–अध्ययन का कार्यक्रम दोनों में एक स्वभाव काम करता है। घरों में यही होता है कपड़ा उतारा, उसे यथास्थान ठीक तरह रखने से पूर्व ही दूसरा काम शुरु कर दिया, कपड़ा या बर्तन जहाँ का तहाँ पड़ा रहा, नया काम चल पड़ा। गर्मी में बाहर से आये हैं, पंखा झलने लगे, पानी पीकर गिलास एक ओर पटक दिया, कपड़े उतार कर इधर–उधर डाल दिये और दूसरे काम में लग गये। अव्यवस्था इसी प्रकार बढ़ती है। बच्चे यही सब तो करते रहते हैं।

वे हर काम अधूरा छोड़ते हैं। यह बचपन जिनके स्वभाव का अंग बन गया है, वे दफ्तर में या दुकान में क्या लोक–व्यवहार में, हर जगह ऐसी ही अस्त–व्यवस्थतता बरतते हैं। हर काम अधूरा–जिसकी गति–विधियाँ इस प्रकार चल रही हों उसे बड़े कामों में तो क्या, दैनिक छोटे–छोटे कामों में भी पग–पग पर असफलता का मुँह देखना पड़ता है।

4

स्वच्छता और स्वास्थ्य का सम्बन्ध

स्वच्छता का स्वास्थ्य से घनिष्ट सम्बन्ध है। आरोग्य को नष्ट करने के जितने भी कारण हैं, उनमें गन्दगी प्रमुख है। बीमारियाँ गन्दगी में ही पलती हैं। जहाँ कूड़े–कचरे के ढेर जमा रहते हैं, मल–मूत्र सड़ता है, नालियों में कीचड़ भरी रहती है, सीलन और सड़न बनी रहती है, वहीं मक्खी, पिस्सू, खटमल जैसे बीमारियाँ उत्पन्न करने वाले कीड़े उत्पन्न होते हैं।

उन्हें मारने की दवायें छिड़कना तब तक बेकार है, जब तक गन्दगी को हटाया न जाय। दवा आदि से इन्हें मारा जाय तो भी क्या हुआ। पैदावार न रुके तो अगले दिनों वे उतने ही और पैदा हो जाते हैं, जितने मारे या हटाये गये थे। कहना न होगा कि हैजा, मलेरिया, दस्त, पेट के कीड़े, चेचक, खुजली, रक्त–विकार जैसे कितने ही रोग इन मक्खी, मच्छर जैसे कीड़ों से ही फैलते हैं।

मलेरिया का विष मच्छर फैलाते हैं, मक्खियाँ हैजा जैसी संक्रामक बीमारी की अग्रदूत हैं। प्लेग फैलाने में पिस्सुओं का सबसे बड़ा हाथ रहता है। खटमल खून पीते ही नहीं वरन् रक्त को विषैला भी करते हैं। इन कीड़ों के द्वारा पग–पग पर जो कष्ट होता है, सुविधा और बेचैनी उठानी पड़ती है, उसका कष्ट तो अलग ही दुःख देता रहता है।

निवास–स्थान तथा उसके आस–पास गन्दगी का रहना स्वास्थ्य के

लिए स्पष्ट खतरा है। गन्दगी जितनी निकट आती जाती है, उतनी ही उसकी भयंकरता और बढ़ती जाती है। आग की तरह वह जितनी समीप आवेगी उतनी ही अधिक घातक बनती जायगी। कपड़े मैले–कुचौले होंगे तो उनकी दुर्गन्ध और कुरुपता हर किसी को अखरेगी।

वस्त्र चाहे कितना ही कीमती क्यों न हो, यदि मैला–कुचेला होगा तो उसकी कीमत देखने वाले की आँखों में दो कौड़ी की भी न रहेगी क्योंकि वह बेजान, बेजवान होते हुए भी पहनने वाले की, अपने मालिक की भरपेट चुगली कर रहा होगा, कह रहा होगा–मेरा कीमती होना भी इस गन्दे आदमी ने बेकार बना दिया।

मनुष्यता का प्रथम चिह्न–मनुष्यता के प्रथम चिह्न स्वच्छता की ओर हमें अधिक तत्परता के साथ आगे बढ़ना चाहिए। इस दिशा में जितनी प्रगति हो सकेगी उतना ही यह समझा जायेगा कि पशुता को छोड़ा जा रहा है। स्वच्छता में मानवता का सम्मान है।

भले ही कोई व्यक्ति निर्धन हो, अभाव के कारण घटिया, कम या फटे–चिथड़े पहन कर दिन गुजारता हो पर यदि उसके वस्त्र धुले हुए हैं, सलवट हटाने के लिए दबाये हुए है, फटी हुई जगह पर सिले हुए हैं, करीने से पहने हुए हैं, बटन ठीक लगे हुए हैं तो आर्थिक गरीबी में भी दिल की अमीरी का इजहार कर रहे होंगे। ऐसा मनुष्य आर्थिक दृष्टि से अभाव–ग्रस्त सिद्ध होते हुए भी व्यक्तित्व की दृष्टि से अपनी महत्ता अक्षुण्ण रख रहा होगा। वह दूसरों की सहानुभूति का पात्र तो हो सकता है, घृणा का नहीं।

शरीर, वस्त्र, घर, सामान इन सभी क्षेत्रों में जो मलीनता पाई जाती है उसका कारण कोई भौतिक कठिनाई नहीं, मनुष्य का घटिया व्यक्तित्व ही एकमात्र कारण होता है। फुरसत न मिलना, नौकर न होना, घर के अन्य लोगों का ध्यान न देना आदि बहाने हो सकते हैं, तथ्य नहीं। तथ्य यह है कि स्वच्छता का मूल्य एवं महत्व नहीं समझा गया।

उसके अभाव में होने वाली हानि को नहीं जाना गया। यदि जाना जाता तो बहाने–बाजी का रास्ता अपनाने की अपेक्षा, आलस्य छोड़कर, गन्दगी को

हटाने के लिए परिश्रम किया होता। इसमें समय एवं श्रम भी उतना नहीं पड़ता, आवश्यकता केवल सतर्कता की होती है। शारीरिक आलस्य जितनी गन्दगी फैलाता है, उससे ज्यादा मानसिक आलस्य का हाथ होता है। मन में गन्दगी के प्रति घृणा नहीं होती तो वह जमकर बैठने लगती है।

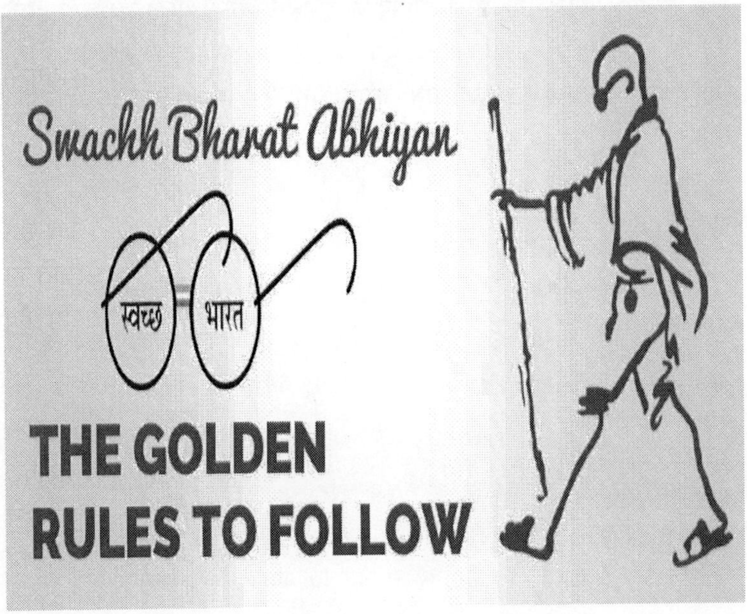

यदि मन में सतर्कता रहे और यह भावना बनी रहे कि गन्दी में लिपट कर हमें अपना व्यक्तित्व ओछा नहीं बनाना है, तो अवश्य ही यह सूझता रहेगा कि कहाँ मलीनता एकत्रित हो गई और उसे किस प्रकार दूर किया जाय? जब तक हमें किसी बात का लाभ समझ में नहीं आता, तब तक हम उसे करने के लिए तैयार नहीं होते।

सच बात यह है कि न तो हमने गन्दगी की हानि को समझा है और न स्वच्छता के लाभ को जाना है। इसलिए मनोभूमि ऐसी बन गई है कि उसे गन्दगी के साथ समझौता कर लेने जैसी कहा जा सकता है।

आँख के आगे कूड़े–करकट के ढेर लगे रहते हैं पर वे खटकते नहीं, घर में नाली, पाखाना, पेशाबघर बुरी तरह सड़ते रहते हैं वे अखरते नहीं। कपड़े गन्दे–गलीज रहते हैं पर उनमें कोई बुराई नहीं लगती। सामान बिखरा, अस्त व्यस्त पड़ा रहता है पर उसे सुव्यवस्थित रखने की सूझ सूझती ही नहीं। जैसा कुछ ढर्रा चल रहा है, चलता रहता है।

छतों में मकड़ी के जाले हों पर उन्हें हटाने की कभी इच्छा नहीं होती। दीवाल–तिखलों में अनावश्यक कूड़ा–कबाड़ा भरा रहता है पर यह विचार नहीं किया जाता कि इसकी क्या उपयोगिता है? पुरानी, टूटी, रद्दी, बेकार, निकम्मी चीजें घर के कौने में भरी रहती हैं। वे जो कभी किसी काम में आने वाली नहीं है, ऐसी चीजें ढेरों जगह घेरे पड़ी रहती हैं और अपनी छाया में गन्दगी के पर्त जमा करती रहती हैं।

यदि दृष्टिकोण परिष्कृत हो और ऐसा कबाड़ी की दुकान जैसा घर अनुपयुक्त लगे तो यह सूझ सूझेगी ही कि क्या चीज रखे जाने योग्य है, क्या हटाये जाने योग्य। किस सामान के लिए कौन–सा स्थान उपयुक्त और कौन–सा अनुपयुक्त।

यह सुरुचि जागृत हो और हर वस्तु यथास्थान–सुव्यवस्थित ढंग से रखने पर उत्पन्न हाने वाली सुन्दरता अन्तःकरण को आकर्षित करती हो तो कोई कारण नहीं कि वह उत्साह न उठे जिसके कारण बात ही बात में वह सारा कबाड़खाना एक सुरुचिपूर्ण सद्गृहस्थ के सुरम्य निवास का रूप धारण न कर ले।

चोर वहाँ सेंध लगाते हैं, जहाँ उन पर किसी की निगाह न पड़ती हो। सोते हुए बेखबर लोगों के घरों में ही अक्सर चोरी होती है। जो जागते रहते हैं, सावधान रहते हैं, चोरों के प्रवेश न होने देने के बारे में सावधानी बरतते हैं, उनके यहाँ चोरी कदाचित् ही होती है।

गन्दगी के सम्बन्ध में भी यही बात है। जो उसकी उपेक्षा करते हैं, हटाने का प्रबन्ध नहीं करते, आलस और उदासीनता का दृष्टिकोण अपनाये रहते हैं, उनके घर में धीर–धीरे मलीनता जमा होती चली जाती है, पर जिनकी आँखों

में वह इतनी अखरे कि एक क्षण भी बर्दाश्त न कर सकें, उसे हटाना अपना प्रथम कर्त्व्य समझें तो फिर यह सम्भव नहीं कि वहाँ गन्दगी के पैर जम सकें।

रक्त में ऐसे श्वेत कण होते हैं, जो बाहर से रोग कृमि प्रवेश होते ही उनसे लड़ने को तैयार हो जाते हैं और उन्हें मार भगाने के लिए तत्काल संघर्ष ठान लेते हैं। शरीर में जब तक यह क्रिया चलती रहती है, तब तक बीमारियाँ पैर नहीं जमाने पातीं, पर जब रक्त के श्वेत कण निर्बल हो जाते हैं और रोग कीटाणुओं से उतनी तत्परता पूर्वक लड़ नहीं पाते तो फिर रोगों का अड्डा शरीर में जमने लगता है। गन्दगी एक प्रकार से रोगकृमियों की सेना ही है।

उसे हटाने की तीव्र प्रतिक्रिया जब तक हमारे स्वभाव का अंग बनी रहती है, तब तक उसके पैर टिकना सम्भव नहीं होता। अवांछनीय तत्वों से संघर्ष न हो तो वे कभी भी हटने का नाम न लें। शत्रुओं को, गुण्डे–बदमाशों को यदि प्रतिरोध का भय न हो तो वे अपनी करतूतें बढ़ाते ही चले जायेंगे। इसलिए आत्म –रक्षा के लिए संघर्ष करना मनुष्य का आवश्यक धर्म कर्तव्य माना गया है।

इस कर्तव्य को जो छोड़ देगा, उसके लिए जीवित रह सकना कठिन हो जायगा। गन्दगी की लानत द्वारा जिसे अपना गौरव नष्ट होने से बचाना हो, उसे संघर्षशील होना ही होगा, जहाँ भी गन्दगी दिखाई पड़े वहीं भिड़ जाना होगा। उसे जब तक हटा न दिया जाय चैन पड़े, तुरन्त जाय, कोई सहायक न मिले तो अकेला ही जुट पड़े। तब ही यह सम्भव है कि स्वच्छता का गर्व, गौरव एवं आनन्द उपलब्ध किया जा सके।

5

सफाई का महत्व

प्रकृति का मौलिक गुण

गांधी जी सभी रचनात्मक कामों में सफाई को महत्वपूर्ण स्थान देते रहे हैं। वस्तुतः सफाई प्रकृति का एक मौलिक गुण है। प्रकृति आप–से–आप गन्दगी नष्ट कर देती है। प्रत्येक प्राणी को सफाई का बोध रहता है। कहते हैं कि बिल्ली भी बैठते समय पूँछ से जमीन साफ कर लेती है।

सृष्टि के सभी प्राणियों में मनुष्य सर्वोच्च प्राणी समझा जाता है। अतः मनुष्य में सफाई का स्तर सबसे ऊँचा होना चाहिए। यही कारण है कि वह 'साफ–सुथरे' शब्द का इस्तेमाल जिंदगी के हर पहलू में किया करता है। प्रत्येक मनुष्य, फिर चाहे किसी पेशे का हो, किसी–न–किसी रूप में अपने घर–द्वार की सफाई किया करता है।

घर के बाहर, समाज में अथवा दूसरों से मिलने के लिए साफ कपड़े पहनकर जाने के पीछे सफाई सम्बन्धी एक सामाजिक प्रतिष्ठा छिपी है। दूसरों के सामने अपनी गन्दगी जाहिर होने में आदमी शर्म का अनुभव करने लगता है। इससे प्रकट होता है कि मनुष्य–समाज में गन्दगी के प्रति स्वाभाविक घृणा है।

जब सफाई प्रकृति का इस प्रकार मौलिक गुण है, तो हमारे लिए उसका

सही–सही परिचय प्राप्त करना आवश्यक है। खास तौर पर शिक्षा और सांस्कृतिक विकास की दृष्टि से इसका महत्वपूर्ण स्थान है। इसलिए इस विषय में वैज्ञानिक विवेचन की आवश्यकता है। आजकल सफाई का मतलब बड़े संकुचित दायरे में लिया जाता है। घर–द्वार साफ कर कूड़ा बाहर फेंक देना, कपड़े साफ रखना, सामान तरतीब से रख देना आदि सफाई की हद समझी जाती है। सफाई के जितने साहित्य (साधन) हैं, वे भी सफाई को स्वास्थ्य और सभ्यता की श्रेणी में ही सीमित रखते हैं।

किन्तु वर्तमान वैज्ञानिक और आर्थिक युग में इस विषय को कुछ और भी गहराई से देखना होगा। हमें यह समझना होगा कि मनुष्य के व्यक्तिगत और सामूहिक जीवन में सफाई का आर्थिक, सामाजिक और नैतिक दृष्टि से क्या स्थान है। वस्तुतः सफाई का क्षेत्र किसी एक स्थान में सीमित नहीं है और न इसकी कोई एक ही दिशा है।

उसे किसी हिस्से में भी बाँटा नहीं जा सकता है। क्योंकि समाज के सर्वांगीण जीवन का यह एक मुख्य अंग है। अर्थात् यह पूर्ण विज्ञान, सम्पूर्ण उद्योग और बुनियादी कला है तथा शरीर, मन और नैतिक विकास का मौलिक साधन है।

सामाजिक जीवन का मूल उद्योग

मनुष्य की मूल प्रवृत्ति आत्मरक्षा है, इसलिए उसकी चेष्टा अपनी जान बचाने के साधन एकत्र करने की है। अन्न और वस्त्र जीवन–यापन के मुख्य साधन है। यही कारण है कि हम कृषि और कताई को मूल उद्योग मानते हैं। किन्तु मनुष्य की जिंदगी व्यक्तिगत ही नहीं है। उसकी सामाजिक जिंदगी भी है।

उसे अपनी व्यक्तिगत रक्षा के लिए सामाजिक रक्षा की आवश्यकता पड़ती है। सफाई का समाज में बहुत महत्वपूर्ण स्थान है। इसके बिना समाज टिक नहीं सकता। अतः जिस प्रकार व्यक्तिगत जिंदगी के लिए कृषि और कताई को मूल उद्योग माना गया है, उसी प्रकार सफाई को सामाजिक जिंदगी का मूल उद्योग मानना पड़ेगा।

उद्योग की प्रक्रियाओं का परिणाम है, आर्थिक उत्पादन। जिसे कूड़ा–करकट समझकर फेंक दिया जाता है, उसकी यदि व्यवस्था वैज्ञानिक ढंग से की जाय, तो आसानी से उसे उत्पादन का जरिया बना सकते हैं। साधारणतः गन्दगी दूर करने का अर्थ कूड़े–करकट को एक स्थान से दूसरे स्थान पर हटा देना समझा जाता है। सचमुच इसे सफाई नहीं कहते। इसे तो गन्दगी का स्थानान्तरण ही कहा जा सकता है।

जहाँ–तहाँ कागज के टुकड़े पड़े रहना, खर–पतवार का यत्र–तत्र बिखरे रहना, कमरे के सामान का धूल से भरा रहना और लकड़ी, ईंट, खपरैल आदि के टुकड़े जहाँ–तहाँ बिखरे रहना इत्यादि बातों को लोग गन्दगी समझते हैं और उसी को कूड़ा कहते हैं।

तो क्या कागज के टुकड़े, खर–पतवार, लकड़ी के टुकड़े, धूल, मिट्टी आदि जहाँ कहीं भी हों, उन्हें कूड़ा समझकर कहीं–न–कहीं फेंक देना

चाहिए? इस तरह कूड़ों को स्थानान्तरित करने से ही सफाई नहीं होती। हमने देखा है कि खिलौना बनानेवाले, कागज और कपड़े के चिथड़ों को सँभालकर सुरक्षित रखते हैं, ईंधन बेचनेवाले भी लकड़ी के टुकड़े संचित करते हैं और बेचकर पैसे पैदा करते हैं।

रही बात धूल की। धूल से तो सारी पृथ्वी ही बनी है। इससे भागकर हम कहाँ जायँगे? इन बातों को मतलब यह नहीं है कि ये चीजें हटायी न जायँ और वैसे ही जहाँ की तहाँ पड़ी रहें। सच बात तो यह है कि जो कागज का टुकड़ा रास्ते में आँखों को खटकता है और गन्दगी का कारण बनता है, वही टुकड़ा यदि अपने उपयुक्त स्थान पर पहुँच जाय, तो सम्पत्ति का साधन बन सकता है।

अनुपयुक्त स्थान पर महान पण्डित भी एक प्रकार का कूड़ा ही है और उपयुक्त स्थान पर छोटी–से–छोटी साधारण वस्तु भी राष्ट्र की सम्पत्ति समझी जाती है।

सफाई का अर्थ है– स्थानच्युत वस्तुओं को अपने स्थान पर प्रतिष्ठित करना, अर्थात् कूड़े–करकट को सम्पत्ति में परिणत करना।

मौलिक कला

अब हम इस पर विचार करें कि सफाई एक मौलिक कला है। सच तो यह है कि मनुष्य की स्वाभाविक सौन्दर्य–वृत्ति के कारण ही उसमें सफाई की प्रवृत्ति पैदा होती है और कला की उत्पत्ति भी मनुष्य की सौन्दर्योपासना का परिणाम है। लेकिन मनुष्य–समाज की अन्य प्रवृत्तियाँ जैसे–जैसे जटिल बनती जाती हैं, वैसे–वैसे कला की धारणा में भी परिवर्तन होता रहता है। आज संसार में जो प्रवृत्तियाँ चल रही हैं, वे प्रकृति से इतनी दूर हैं कि ऐसा लगता है कि मानव–जीवन के विभिन्न पहलुओं का एक दूसरे से कोई सम्बन्ध नहीं रह गया है।

राजनीति, अर्थशास्त्र, समाज–विज्ञान, शिक्षा, संस्कृति आदि सभी क्षेत्रों में एकांगीपन बढ़ता जा रहा है। हर एक मनुष्य के बारे में यह पूछा जाता है कि वह किस बात का विशेषज्ञ है। विभाजन का भी कोई अन्त नहीं है। एक

डॉक्टर से भी पूछना पड़ता है कि शरीर–विज्ञान के वे कि अंग के विशेषज्ञ हैं। अतः आज की सभ्यता में स्वभावतः कला का स्थान भी संकुचित हो गया है।

आज कला का मतलब भी ललित–कला, चित्रकला आदि विशेष काम से ही समझा जाता है। जो व्यक्ति सुन्दर चित्रांकन कर सकता है, अच्छी अल्पना निकाल सकता है, मिट्टी या पत्थर को सुन्दर मूर्ति में परिवर्तित कर सकता है, उसे आज एक उच्चकोटि का कलाकार समझा जाता है, चाहे उसका जीवन कितना ही अव्यवस्थित क्यों न हो और अपने व्यक्तिगत सामान, घर, आसपास के वातावरण को कितना ही गन्दा क्यों न रखता हो।

उसी तरह गन्दा जीवन व्यतीत करते हुए सुन्दर गायक या नृत्यकार भी कलाकार समझा जाता है, क्योंकि इस विशेषज्ञता के जमाने में अगर किसी की ऊँगलियों में, कण्ठ में या शरीर के किसी अंग में कला का बोध हो, तो उतना ही काफी समझा जाता है। उसे जीवन और समाज में कला के सामंजस्य की आवश्यकता नहीं प्रतीत होती।

कलाकार का मूलगुण

अतएव आवश्यकता इस बात की है कि हम कला के वास्तविक रूप को भली–भाँति समझें। हमने पहले ही कहा है कि मनुष्यों की स्वाभाविक सौन्दर्योपासना के परिणामस्वरूप कला का आविर्भाव हुआ है। सौन्दर्यप्रिय होने के कारण मनुष्य को गन्दगी से नफरत है और स्वभावतः वह जहाँ भी रहता है, उस जगह को साफ रखने की सतत कोशिश करता रहता है।

इसलिए कला की शुरुआत सफाई से ही होती है, ऐसा समझना चाहिए। आज संकीर्ण दृष्टि रखनेवाला कलाकार भी चित्रांकन से पहले उसकी पृष्ठभूमि साफ कर लेता है। मतलब यह की एकांगी कलाकार भी अपनी कला की शुरुआत सफाई से करता है।

लेकिन एकांगी और संकुचित दृष्टि के कारण वह केवल उतना ही हिस्सा साफ करता है, जितना उसके अंकन के लिए आवश्यक है। ऐसे लोगों को कलाकार नहीं माना जा सकता। उन्हें हम दस्तकार, नृत्यकार, गायक या

चित्रकार आदि नामों से सम्बोधित कर सकते हैं। कलाकार वह है, जो अपनी आँखों के सामने किसी किस्म की भद्दी और गन्दी चीज को बर्दाश्त नहीं करता और उसे साफ किए बिना चौन नहीं पाता।

अतएव अगर कला को सार्वजनिक बनाना है, उसे महामानव की सम्पत्ति के रूप में देखना है और उसे वास्तविक बनाना है, तो उसकी शुरुआत सफाई से ही करनी चाहिए।

जब कलाकार इस बात को समझ लेंगे और अपनी कला को मूर्तरूप देने के पूर्व समाज की सफाई में लग जायेंगे, तो वस्तुस्थिति उन्हें समझा देगी आम सफाई ही एकमात्र सार्वजनिक कला है। उस सफाई की पृष्ठभूमि पर सजावट के समन्वय से ही कला का विकास होगा। ललित–कला इसी सार्वजनिक कला को मनोहर बनाने का एक साधन है।

सभ्यता का अविभाज्य अंग

सफाई जीवन का, सभ्यता का अविभाज्य अंग है। दुनिया के हर–एक धर्म में सफाई की ओर निर्देश करनेवाले आचार वर्णित हैं। पूजा–पाठ के पहले स्नानादि या नमाज के पहले वजू यही सूचित करते हैं। योगाभ्यास के वर्णन में "शुचि देश में आसन लगायें" और असुरों के वर्णन में गीता का कथन है कि "उनमें शुचिता नहीं होती।"

शुचिता में सफाई आ ही जाती है, एक भीतरी, दूसरी बाहरी। "साधुता के बाद स्वच्छता का ही स्थान है" इस अर्थ का अंग्रेजी वाक्य प्रसिद्ध ही है। स्नानादि से या स्वच्छ मैदान, नदी आदि देखने से होनेवाली प्रसन्नता का सबको अनुभव है। रस्किन ने शिक्षा की व्याख्या ही यह की है कि हवा, पानी और मिट्टी को ठीक ढंग से बरतना आना ही शिक्षा है।

यानि बिना बिगाड़े उनका कैसा उपयोग करना और बिगड़े हों, तो उन्हें कैसे दुरुस्त करनी ही शिक्षा है। जीवन में आरम्भ से अन्त तक सफाई की जरूरत होती है।

इसलिए नयी तालीम में सफाई अनिवार्य और सहज–समवाय का विषय

है। आरोग्य के लिए सफाई बहुत जरूरी है। कॉलरा, टाइफॉइड आदि बड़े रोगों और बुखार, खुजली आदि छोटे रोगों का असली कारण अस्वच्छता ही है।

सफाई के इतने महत्वपूर्ण विषय की ओर दीर्घ काल से हम दुर्लक्ष करते रहे हैं। निजी सफाई के स्नानादि नियमों का हम कुछ पालन करते हैं, फिर भी सामाजिक सफाई का हममें अभाव ही है।

अपने घर का कूड़ा–कचरा दूसरे के घर के सामने, रास्ते पर या किसी आम जगह पर डालने में हमें संकोच नहीं होता। विनोबाजी विनोद में कहा करते हैं कि "मेरे बच्चे दूसरे के आँगन में और दूसरों के बच्चे मेरें आँगन में" इस तरह की 'प्रतियोगी सहकारिता' बच्चों के टट्टी फिरने के बारे में हममें चलती है।

कहीं भी थूक देने या पेशाब–पखाना कर देने की आदत हममें घर कर गयी है। इसलिए किसी के कथनानुसार हमारे देहात घूर पर बसाये गये जैसे दिखते हैं। दूसरे एक मित्र के विनोदानुसार जैसे रावण की लंका को सोने का परकोटा होता है।

वैसे हमारे देहातों का सोनखाद (मैले) का परकोटा होता है। फलस्वरूप कमजोरी, बीमारी, अकाल मौत आदि के रूप में हमें इसकी सजा भुगतनी पड़ती है।

6

सफाई की प्रक्रिया

जिस प्रकार किसी उद्योग में प्रक्रियाओं के क्रमों को निर्धारित करना आवश्यक है, उसी प्रकार सफाई के कार्यक्रमों को कई हिस्सों में विभाजित करना आवश्यक है। इसका क्रम निम्नांकित होगा–

1. औजार आदि साधनों का चुनाव तथा उनकी यथायोग्य व्यवस्था करना,
2. सफाई के काम की योजना बनाना,
3. काम का आसन
4. काम से निकले कच्चे माल को एकत्र करना,
5. कच्चे माल की किस्म के अनुसार छँटाई करना,
6. विभिन्न प्रकार के माल को अपनी उपयोगिता के स्थान पर पहुँचाना,
7. कच्चे माल से उपयोगी माल बनाना,
8. प्रक्रियाओं का लेखा तैयार करना और
9. काम की जाँच।

औजार और साधन का चुनाव

पहले कहा गया है कि सफाई एक उद्योग यानी कारीगरी है। और साथ ही कला भी। हर उद्योग और कला के लिए साधन इकट्ठा करना पड़ता है। कोई भी कारीगर या कलाकार काम करने के पहले अपने अनुकूल औजार देखता है। सोचता है कि जिनसे काम करना है, वे औजार बेकाम तो नहीं है। अगर ठीक नहीं होते हैं, तो वह उन्हें पहले तेज करता है तथा ठीक–ठाक कर अथवा धो–धाकर काम लायक बनाता है।

फिर जब उसे संतोष हो जाता है कि उसका औजार काम करने लायक है, तब वह काम शुरू करता है। अतः सफाई करनेवालों के लिए औजार प्रथम महत्व की चीज है।

यह ध्यान रखा जाय कि विभिन्न स्थानों और परिस्थितियों में विभिन्न प्रकार के औजार चुनना जरूरी होता है। हो सकता है कि किसी एक जगह कोई चीज अधिक उपलब्ध हो और दूसरी जगह दूसरी। वस्तुतः शिक्षक को इस विषय के सिद्धांत से परिचित होना चाहिए।

प्रायः देखा गया है कि शिक्षक और विद्यार्थी 'लकीर के फकीर' होते हैं। मध्यप्रदेश के सीखे विद्यार्थी अपने विद्यालय में जिस औजार और साधन का प्रयोग करते रहे हों, कोई जरूरी नहीं है कि पर्वतीय प्रदेश में भी उसी से काम लिया जाय अथवा बंगाल में भी बाध्य किया जाय।

कहीं नारियल के झाड़ू, कहीं खजूर के और कहीं काँस के मिलते हैं। अतः हर जगह के विद्यार्थी को अपने क्षेत्र का अध्ययन करके वहाँ की स्थिति के अनुसार साधन जुटाने की चेष्टा करनी चाहिए।

मूल सिद्धान्त यह है कि साधन स्थानीय परिस्थिति में सुलभ हो। जहाँ तक हो सके, वह स्थानीय रूप से उपयोग में आनेवाला हो। उसके उपयोग से कार्य की पूर्णता के साथ–साथ श्रम और खर्च की बचत होनी चाहिए।

उक्त सिद्धान्त को सामने रखते हुए ही औजार आदि साधनों का प्रबन्ध करना चाहिए। औजार चुनने के बाद उसकी व्यवस्था का प्रश्न आता है। कई

औजार ढंग से न रखने तथा इधर–उधर डाल देने से खराब हो जाते हैं। अतः जिस जगह औजार और साधन रखे जाये, उस जगह का साज–सरंजाम भी उसी ढंग का होना चाहिए, जिससे वे ठीक ढंग से रखे जा सकें।

औजार रखने के ढंग भी निश्चित होने चाहिए। जैसे झाडुओं को दीवाल या और किसी स्थान पर अटकाकर या उसका निम्न भाग नीचे और सिरा ऊपर होना चाहिए, ताकि गिरकर टूटने का भय न हो।

इस तरह सभी औजारों के रखने की जगह और विधि बैठा लेनी चाहिए। इसके अलावा उपयोग करते समय यह देख लेना चाहिए कि उसकी तैयारी ठीक है या नहीं। अगर न हो, तो ठीक करके ही उसका उपयोग करना चाहिए।

प्रायः देखा जाता है कि लोग जैसे–तैसे औजारों से सफाई करते हैं। फल यह होता है कि केवल सफाई का ही काम अधूरा नहीं रहता बल्कि श्रम और सम्पत्ति भी बरबाद होती है। कमरे साफ करने के लिए नरम और भरे हुए झाडू की आवश्यकता है। सड़कें और मैदान साफ करने के लिए सख्त और छिछले झाड़ू की आवश्यकता है।

उसी प्रकार गली–सफाई के लिए पतले, सख्त और गुठे हुए झाड़ू की आवश्यकता है। लेकिन लोग इन चीजों पर ध्यान नहीं देते। अतः कमरे में झाड़ू देते समय ही धूल उड़कर साफ जगह जा बैठती है और कमरा फिर गन्दा हो जाता है।

सड़कें और मैदान नरम झाड़ू से साफ करने से झाड़ू भी खराब हो जाती है, साथी ही बहुत कूड़ा जहाँ–का तहाँ ही रह जाता है। नालियों, को मामूली झाड़ू से साफ करना तो आम बात है। नतीजा यह होता है कि ऊपर का पानी और गन्दगी साफ हो जाने पर भी सतह की काई और कीचड़ पड़े ही रह जाते हैं। साफ करने में जो विशेष मेहनत लगती है, वह तो अलग से नुकसान की बात होती है।

औजार काम के लायक होने पर भी उसका ठीक से उपयोग न करने से हानि हो जाती है। प्रायः देखा जाता है कि झाड़ू घिसकर नाटी न होकर

झड़कर पतली हो जाती है, क्योंकि इस्तेमाल से पहले लोग उसे ठीक से बाँध नहीं लेते हैं। उसी तरह मैदान और सड़क पर झाडू देते समय खड़े होकर झाड़ू न देकर श्रम, शक्ति, समय और स्वास्थ्य का नुकसान करते हैं। अक्सर आधे झुककर झाडू देकर स्वास्थ्य को बरबाद करते हैं। फिर हवा की विपरीत दिशा में चलकर सफाई करने वाले प्रायः धूल और मिट्टी के शिकार होते हैं।

इस तह औजार के चुनाव, उसकी सजावट तथा व्यवस्था और प्रयोग करने के ढंग की ओर पूरा ध्यान न देने से काफी नुकसान उठाना पड़ता है। अतः सफाई करने– वालों को इन चीजों की ओर काफी ध्यान देना चाहिए। औजारों के अलावा दूसरे सामान भी महत्व के हैं। घर, द्वार, रसोईघर आदि लीपने के लिए गोबर, मिट्टी या दूसरे साधनों को किस अनुपात और किस परिमाण में प्रयोग करना है– इसका पूरा ज्ञान और ध्यान होना जरूरी है।

अन्यथा सामान की बरबादी के साथ–साथ श्रम और समय का नुकसान होता है और सफाई कां उद्देश्य भी पूरा नहीं हो पाता। अनुपात और परिमाण पर विचार करने के साथ–साथ मौसम आदि पर भी ध्यान न देने से नुकसान होता है। उसी प्रकार बरतन साफ करने के लिए राख, मिट्टी, बालू आदि साधनों का परिमाण और अनुपात आदि ऐसा होना चाहिए, जिससे बर्तनों की चिकनाहट तो दूर हो, लेकिन घिसाई कम हो, प्रायः यह देखा जाता है कि लोग इस दिशा में कुछ भी विचार नहीं करते और हानि उठाते हैं।

इसी तरह टट्टी और पेशाब के साधनों के बारे में लोग गलती करते है। यह गलती वैज्ञानिक और व्यावहारिक, दोनों ही दृष्टि से होती है। टट्टी पर सूखी और बारीक मिट्टी न डालकर ढेला ही डाल देने या गीली मिट्टी डाल देने से हानि होती है। बिना वनस्पति मिली मिट्टी डालना, पेशाब में बिना पानी मिलाये वैसे ही खेत में छोड़ देना या वनस्पति की मिश्रित खाद में पानी डालने की चेष्टा न करना इत्यादि वैज्ञानिक गलतियाँ हैं।

देहाती जनता के लिए ग्राम्य–समस्याओं के निराकरण की दृष्टि से टट्टी में बाल्टियों के इस्तेमाल की चेष्टा न करना, शुरू से ही सम्मिलित टट्टी का प्रचलन न करना आदि बातें व्यावहारिक गलतियों के उदाहरण हैं। वस्तुत आज भारत में सफाई की समस्या टट्टी–पेशाब की ही समस्या है। सड़कों पर

यदि आँख बन्द करके चला जाय, तो दूर से आती हुई बदबू से यह समझा जाता है कि कोई कोई बस्ती आनेवाली है। भारतवासियों पर यह एक भीषण अभिशाप है।

इससे स्वास्थ्य, संस्कृति और सम्पत्ति का महान अपव्यय होता है। हमारे देश में टट्टी–पेशाब की अव्यवस्था के कारण जितनी जान और माल की लगातार बरबादी होती है, उतनी कदाचित् किसी महायुद्ध में भी न होती होगी।

ऊपर कहा गया है कि सफाई एक कला भी है, इसलिए सजावट भी सफाई का एक अंग है। अतएव सजावट के साधनों पर भी विचार करना चाहिए। साधन ऐसे हों, जो स्थानीय श्रम और साधन से जुटाये जा सकें। साथ ही वे पास–पड़ोस में मिल सकें। क्योंकि खर्च करके दूर से सामान मँगाकर सजावट नहीं की जा सकती।

ऐसी सजावट सार्वजनिक और सर्वांगीण न होकर केवल समर्थ लोगों के शौक की चीज बन जायेगी। सजावट सफाई का हिस्सा तभी हो सकता है, जब वह आम सफाई से सम्बन्धित हो। अतः कला को सफाई का अंग मानने में साधनों की सार्वजनिकता के प्रति खास ध्यान देना चाहिए। घरों में और अनुष्ठानादि प्रसंगों पर लोग अक्सर भारी भूल करते हैं। फलतः कला व्यावहारिक जीवन से उठकर अनुष्ठान और उत्सवों तथा धनियों के आडम्बर और प्रदर्शन की चीज बन जाती है।

नयी तालीम की संस्था को तो इस दिशा में अत्यधिक सतर्क रहने की जरूरत है, क्योंकि सदियों की अवहेलना के कारण लोगों की धारणाएं और संस्कार काफी दोषपूर्ण हो गये हैं। इन संस्कारों और धारणाओं को बदलने के लिए हमें पूर्ण प्रयत्न करना होगा। यह प्रयत्न सफाई के साधनों का सही चुनाव करने से ही सफल हो सकता है।

अतः आज शिक्षा और दूसरी रचनात्मक संस्थाओं को इसके औजार और साधन पर अधिक ध्यान देना होगा, नहीं तो सफाई का सारा आधार ही कमजोर हो जानेवाला है। हमें अपने चारों और सम्यक दृष्टि रखनी होगी।

चाहे हम घर में हों या बाहर, खेत या खलिहान में हों और चाहे मवेशियों के बाँधने की जगह पर, जब तक हम अपना दृष्टिकोण ठीक न रखेंगे, तब तक देश की प्रचुर धनराशि विनष्ट होती रहेगी और मुल्क गरीबी और बेबसी में पड़ा रहेगा।

सफाई के काम की योजना

प्रायः देखा जाता है कि लोग बिना सोचे–समझे एकाएक सफाई में लग जाते हैं। उनको यह पता नहीं रहता कि क्या और कहाँ तक सफाई की जाय। फल यह होता है कि लोग सफाई के लिए अपना समय नियत कर रखते हैं। वे इधर–उधर झाड़ू देने के सिवा विशेष कुछ नहीं कर पाते।

शिविर, विद्यालय, बुनियादी–शाला आदि स्थानों में संयोजित सफाई न करने से सफाई को वैज्ञानिक रूप से चलाने में प्रायः सफलता नहीं मिलती। इसलिए आवश्यकता इस बात की है कि पूरी योजना बनाकर काम शुरू किया जाय।

यह योजना दैनिक, साप्ताहिक और पाक्षिक भी हो सकती है। यदि बीच में आकस्मिक सफाई की जरूरत पड़ती हो, तो तत्सम्बन्धी योजनाएँ जोड़ देनी चाहिए। साप्ताहिक या उससे भी लम्बे अरसे की योजना को दैनिक कार्य के अनुपात से बाँटना चाहिए। साप्ताहिक या विशेष समय उस काम के लिए नियत करना चाहिए।

ऐसा करने से ही राष्ट्रीय समय और श्रम को बचाकर संपत्ति की वृद्धि की जा सकती है। उदाहरण के लिए मान लिया जाय कि किसी विद्यालय में सफाई का काम चलता है। उसके लिए जो योजना बनायी जायेगी, उसकी एक रूपरेखा नीचे दी जाती है। सफाई के लिए विद्यालय के निम्नांकित विभाग हो सकते हैं–

- छात्रावास
- कुँआ
- स्नानागार

- टट्टी, पेशाब और थूकने का स्थान
- रसोई–घर, बरतन–सफाई आदि
- विभिन्न वर्गों का स्थान
- सड़क तथा आम मैदान आदि

उपयुक्त विभागों के सम्बन्ध में संक्षिप्त विवेचन करना उचित होगा।

छात्रावास

छात्रावास के कमरों की सफाई व्यक्तिगत सफाई है। फिर भी कमरों की जमीन का कोना, छत–छप्पर आदि का स्थान सामूहिक सफाई में आता है। इसके अलावा इमारत के आगे–पीछे का भी स्थान है। अगर कच्चा मकान है, तो भीतर–बाहर की टूटी–फूटी जगह की मरम्मत भी सामूहिक सफाई में रखी जा सकती है। इन सारे कामों में साधारण झाड़ू देने का काम ऐसा है कि उसे दैनिक कार्यक्रम में शुमार करना पड़ेगा।

बाकी आगे–पीछे की झाड़ू, जंगल, मिट्टी, पत्थर, खपरैल आदि की सफाई साप्ताहिक योजना में आयेगी। मकान के टूट–फूट की मरम्मत सप्ताह से अधिक दिन की है, लेकिन समय के अनुपात से सप्ताहभर का काम निश्चित कर लेना चाहिए।

काम की योजना बन जाने के बाद जितने आदमी जिस सफाई के लिए मुकर्रर होंगे, उनके काम के बँटवारे की योजना भी बना लेनी चाहिए। इस तरह योजना बनाकर काम करने पर ही हमारा काम वैज्ञानिक होगा, वरना जगह की तो सफाई हो जायेगी, मगर सफाई करनेवाले की प्रकृति जैसी की तैसी रह जायेगी।

कुएँ का स्थान– नयी तालीम की संस्थाएँ प्रायः देहाती वातावरण में होती हैं। अगर नहीं हैं, तो अवश्य होनी चाहिए। अतः कुएँ के पास की पक्की नाली न होने के कारण पानी के निकास की सहज व्यवस्था नहीं हो पाती। कुएँ के पास कहीं–कहीं स्नान–घर भी होता है। इन सबका पानी कच्ची नालियों से निकालना पड़ता है।

कच्ची नाली से यदि पानी जोरों से निकल जाय तो ठीक है, लेकिन धीरे–धीरे निकलने से पानी आगे बढ़ने के बजाय नीचे जज्ब होता है। इसलिए नालियों की सड़ी मिट्टी निकालने की एक खास प्रक्रिया होती है।

कितने दिन के अन्तर से मिट्टी निकाली जाय–यह स्थानीय मिट्टी की बनावट पर निर्भर करता है। मिट्टी के स्वरूप के अलावा परिमाण और स्थान के ढाल पर भी निर्भर करता है। कभी–कभी कच्ची नालियों को सूखने का मौका देना पड़ता है, अतः यह भी तय करना होगा कि कितने दिन बाद एक नाली को छोड़कर दूसरी नाली से पानी ले जाने की व्यवस्था करनी पड़ेगी।

कभी–कभी आसपास के खेतों की स्थिति देखते हुए साबुन तथा मामूली पानी को अलग रास्ते से निकालने की व्यवस्था करनी पड़ती है। अगर पानी खेत और बाग में जाय या अगर उसे सोख्ता के अन्दर ले जाना है, तो भिन्न किस्म की योजना बनानी पड़ेगी।

इस तरह स्नान–घर के फर्श या किसी दीवार की गन्दगी या कोना, छप्पर आदि की सफाई–योजना अलग होती है। इन तमाम कामों में कुछ हिस्सा दैनिक करना होगा और कुछ साप्ताहिक तथा पाक्षिक और मासिक भी किया जा सकता है। जैसे नाली की दिशा बदलना, सोख्ता के रोड़े आदि साफ करना मासिक योजना में शामिल करना चाहिए।

स्नानागार

स्नानागार की सफाई की योजना बनाते समय संस्थावासियों की गन्दगी की आदत का ख्याल भी करना होगा। प्रायः लोग स्नान–घर में टट्टी–पेशाब कर देते हैं। अतः इसके अन्दर बाहर की सफाई में दुर्गन्ध दूर करने की व्यवस्था होनी चाहिए।

पक्की हौदी में फर्श तथा नाली की सफाई रोज होनी चाहिए। फर्श–सफाई के समय कोने के स्थान को प्रायः लोग भूल जाते हैं। फल यह होता है कि उन स्थानों में काई जम जाती है। अतः स्नानागार के लिए योजना बनाते समय मासिक सफाई का कार्यक्रम रखना जरूरी है।

टट्टी, पेशाब और थूक की सफाई

इसके सम्बन्ध में शुरू से ही योजना बनानी पड़ती है। स्थानीय परिस्थिति और साधन के अनुसार यह विचार करना होगा कि योजना कैसी बनायी जाय। नाली, गड्ढे आदि कई प्रकार की टट्टी की योजना बनायी जा सकती है।

उसी तरह पेशाब का गड्ढा साधारण सोख्ता, घड़ेवाला सोख्ता आदि कई प्रकार के बनते हैं। टट्टी–पेशाब के लिए बालटी का भी प्रयोग होता है।

थूक के लिए तो किसी संस्था में कोई संयोजित व्यवस्था नहीं होती–ऐसा कहना भी अनुपयुक्त न होगा। प्रायः देखा जाता है कि संस्थावासी टट्टी–पेशाब का तो कुछ इन्तजाम करते हैं, मगर थूकने की कोई व्यवस्था नहीं करते।

इन तीनों प्रकार के सफाई के साधन स्थाई न होने के कारण सफाई की प्रक्रिया में ट्टटी, पेशाब और थूकने की व्यवस्था एक में ही शामिल हो जाती है।

इसलिए उसे साप्ताहिक या मासिक योजना में शामिल करना होगा। फिर सफाई की बात आती है।

टट्टी पर वनस्पति और मिट्टी डालना, टट्टी–घर को हटाना, नया गड्ढा खोदना, बाल्टी की व्यवस्था होने पर मल–मूत्र व्यवस्थित ढंग से मिश्रित खाद के लिए डालना पेशाब–घर का स्थान–परिवर्तन करना, सोख्ते के रोड़े साफ करना, थूकने के गड्ढे में राख, मिट्टी डालना, गड्ढे बदलना आदि कई प्रकार के काम होते हैं। इसके लिए समय का बंटवारा करना होगा।

दैनिक, साप्ताहिक, पाक्षिक, मासिक त्रैमासिक योजनाएँ बनानी पड़ेगी। वस्तुतः टट्टी, पेशाब और थूक की व्यवस्था ही सबसे महत्व की और सबसे अधिक विकास की है। अतः इस दिशा में खास ध्यान देना चाहिए।

नागरिक–जीवन तथा समाज–शास्त्र के अभ्यास के लिए यही एक खास महत्वपूर्ण माध्यम है। कृषि और अर्थशास्त्र के शिक्षण के माध्यम के रूप में तो इसका महत्व है ही।

रसोईघर की सफाई

जिस प्रकार कुएँ और स्नानागार की सफाई की योजना बनायी गयी है, उसी प्रकार रसोई–घर और बरतन साफ करने के स्थान की सफाई की योजना बनानी पड़ती है। फर्क इतना है कि नहाने में साबुन के जल और बरतन साफ करने के जल की व्यवस्था में अंतर होगा।

इसके अलावा बरतन मलने के साधन, रसोईघर की लिपाई, साफ बरतनों का रखना, अनाज–सफाई, कोठार की सफाई आदि कई काम होते हैं। अतः इस मद की योजना बनाने में शिक्षकों को काफी मनोविज्ञान से काम लेना होगा। प्रायः देखा जाता है कि इस काम में ज्यादा असंतोष और मनोमालिन्य पैदा होता है, अतः इस दिशा में बड़ी सतर्कता और मानसिक वृत्तियों का ध्यान रखना होगा।

विभिन्न वर्गों की सफाई

वर्ग की सफाई में कमरा, आसन, श्यामपट्ट शिक्षक के बैठने की जगह की सफाई, वर्ग लगाने का काम तथा सरंजाम दुरुस्त करना आदि आता है। विभिन्न प्रकार के विषय और उनके साधनों की समुचित तथा सुविधाजनक व्यवस्था, सांस्कृतिक साज और सरंजाम व्यवस्थित करना– इन सबको ध्यान में रखकर ही योजना बनाना अत्युत्तम होगा।

मैदान, सड़क आदि की सफाई

यह कार्यक्रम प्रायः दैनिक योजना में नहीं आता। इसका साप्ताहिक और मासिक विभाजन करना चाहिए। इस मद में कूड़ा–करकट, घास, जंगल, खर–पत्ती आदि कई प्रकार की सफाई होती है। इसके अलावा ऊँच–नीच ठीक करना, सड़क–मेड़ आदि दुरुस्त करना तथा सजावट आदि कई प्रकार का काम होता है।

उपर्युक्त उदाहरण से यह स्पष्ट हो गया होगा कि प्रत्येक काम योजनाबद्ध होना चाहिए। प्रत्येक योजना में नयी तालीम के अनुसार आँकन करने और जाँचने का सिद्धांत लागू करना चाहिए। काम पूर्ण तभी हो सकता है, जब

किसी काम में ये तीनों सिद्धांत पूरे होते हैं। अन्यथा काम तो कुछ हो भी सकता है, किन्तु काम करने वाला अपने स्थान पर स्थित रहता है, उसकी प्रगति नहीं होती, क्योंकि इसके बिना सारा काम अचेतन और यंत्रवत् होता है।

काम के आसन

औजार और साधन जुटाकर योजना बनाने के बाद काम के आसन के प्रति खास ध्यान देना चाहिए। किस आसन के काम करने में शक्ति का व्यय कम होगा, शरीर और कपड़े ज्यादा सँभलेंगे तथा काम की गति तेज होगी–इत्यादि बातों पर ध्यान रखना आवश्यक है। प्रायः बरतन साफ करने, झाड़ू देने, घास छीलने आदि काम में आसन ठीक न रखने के कारण लोग अपने शरीर को इस प्रकार गन्दा कर लेते हैं कि सफाई के बाद नहाना और कपड़ा बदलना आवश्यक हो जाता है।

इस तरह समय, श्रम और स्वास्थ्य का हानि होती है। आसन और शरीर–विज्ञान का घनिष्ठ सम्बन्ध होने का कारण, कमर झुकाकर काम करने और सीधे करने में स्वास्थ्य तथा आयु में बड़ा अन्तर पड़ा जाता है। अतः यह आवश्यक है कि सफाई के हर काम के पहले आसन और उसकी क्रिया की जानकारी अवश्य कर ली जाय। अन्यथा काम का परिणाम काम करने वालों पर बुरा पड़ेगा। काम की गति पर भी आसन का प्रभाव पड़ता है।

सफाई के निकले कच्चे माल को एकत्रित करना

पहले बताया गया है कि सफाई का कूड़ा सफाई–उद्योग का कच्चा माल है। अतः इसे सावधानी से इकट्ठा करना चाहिए। इस दिशा में सभी संस्थाओं और परिवारों में लापरवाही होती है। इस लापरवाही के कारण हमारे देश में करोड़ों रुपयों की हानि होती है।

देश के प्रत्येक वर्ग, जाति और समाज का कहना है कि भारत सबसे गरीब मुल्क है। लेकिन यदि गौर से देखा जाय, तो मालूम होगा कि मुल्क आर्थिक दृष्टि से चाहे कितना ही गरीब हो, मगर यहाँ के निवासियों की प्रवृत्ति में अमीरी कूट–कूटकर भरी है। समय, श्रम और साधन को लापरवाही से

बरबाद करते हुए जितने लोग यहाँ पाये जाते हैं, उतने किसी भी देश में नहीं। यही कारण है कि हमारा मुल्क गरीब है। लक्ष्मी का अनादर करने वाला कभी सम्पत्तिशाली नहीं हो सकता। अतः हर मनुष्य और संस्था को चाहिए कि वह सफाई से निकले कूड़े को समय और श्रमपूर्वक सम्पत्ति का साधन बनाये।

नयी तालीम के शिक्षण में तो इसका स्थान प्रथम है ही। प्रायः लोग झाड़ू देकर कूड़े–कचरे को यत्र–तत्र फेंक देते हैं। कमरे में झाड़ू देकर दरवाजे के सामने कूड़ा इकट्ठा कर ऊपर का मोटा–मोटा हिस्सा दरवाजे के बाहर गिराते हैं, पिर बारी क धूल को उसी जगह दोनों तरफ फैलाते हैं। बाकी कचरा भी झाड़ू से बरामदे में कचरे के साथ उसी बरामदे के नीचे फैला देते हैं, यह आम रिवाज है। इस प्रकार लापरवाही करते हिचक तो होती नहीं बल्कि इस दिशा में गम्भीरता से चर्चा करनेवाली की हँसी की जाती है।

कूड़े को यदि सम्पत्तिरूप में परिणत करना है, तो कचरे को एक जगह इस प्रकार इकट्ठा करना चाहिए, जिससे उसकी छँटाई करने में सहूलियत हो। धूल, मिट्टी, घास–फूस, सभी को एक जगह न बटोरकर सफाई के समय ही सामान्य वर्गीकरण कर देना चाहिए।

ऐसा करने से बाद में होनेवाले श्रम और समय की बचत होगी। कूड़ा इकट्ठा करने के लिए विभिन्न प्रकार की चीजों के लिए विभिन्न प्रकार का स्थान भी निश्चित होना चाहिए। ईंट–पत्थर रखने की जगह, मवेशियों के खिलाने लायक घास का स्थान, खाद बनाने लायक कचरे का गड्ढा कागज, रूई, सूत आदि के टुकड़े रखने का स्थान, जूठन रखने और कूड़ा बटोरने का स्थान आदि भी विभिन्न प्रकार का होता है। शिक्षक को ख्याल रखना चाहिए कि इन चीजों की समुचित रक्षा हो, क्योंकि इस प्रकार वैज्ञानिक ढंग से कूड़ा–कचरा इकट्ठा करने से ही उन्हें सरलता से काम में लाया जा सकता है।

कच्चे माल की छँटाई और उपयोगिता के स्थान पर पहुँचाना

पहले कहा जा चुका है कूड़े में दो प्रकार का माल होता है। पहला वह

जो अपनी मूल हालत में ही प्रयोग किया जाता है। दूसरा वह, जिसे उपयोग में लेने लायक बनाया जाता है। ईंट, पत्थर, लकड़ी के टुकड़े आदि पहले और कागज रूई, कपड़े के टुकड़े आदि दूसरे प्रकार के सामान हैं।

कूड़े की सही तरीके से बटोरने के बाद उसका ऊपर के काम के लिए चुनाव करना चाहिए। उनमें से जिन्हें मूल रूप में प्रयोग करना है, उसे पूर्वनिश्चित स्थान में पहुँचा देना चाहिए। बाकि को निर्दिष्ट स्थान पर एकत्र करके, अगर उसके लायक संस्था या परिवार में काम चलता हो, तो उसे अनुयायी विभागों में पहुँचा देना चाहिए।

खाद बनाने वाली चीजों के अलावा शेष चीजों को उपयोगी स्थान पर ले जाकर बेच देना चाहिए। खाद बनाने का काम तो स्वयं परिवार में करना होगा। खाद बनाने वाली चीजों में भी विभाग करना होगा। जल्दी और देर में गलनेवाली चीजों को अलग–अलग रखना होगा।

इस प्रकार शिक्षार्थी को गलने की अवधि का अनुभव होगा और उसके ज्ञान की वृद्धि होगी। वस्तुतः नयी तालीम की नजर में इस प्रकार माल की छँटाई का काम बड़े महत्व का है, क्योंकि इस प्रक्रिया के माध्यम से गणित, अर्थशास्त्र, कृषि–विज्ञान, भू–तत्व, कीटाणु–तत्व आदि के ज्ञान का विकास होता है। खास तौर से गणित और अर्थशास्त्र का बहुत बड़ा भाग इस छँटाई में है।

पक्का माल बनाने की प्रक्रिया

कूड़े को संपत्ति बनाने की प्रक्रिया बहुत दिलचस्प है। उसके द्वारा कई ग्रामोद्योगों की शिक्षा मिलती है। कागज को किस प्रकार गलाकर खिलौने बनाये जाते हैं, कपड़े के चिथड़े से दरी, बटन आदि, रस्सी के टुकड़ों से छोटी–छोटी जाली, सिकहर–छींका आदि बनाये जाते हैं, छीजन से तकिए भरने का काम होता है।

इन बातों की जानकारी से गृह–उद्योग का प्रचुर ज्ञान हो सकता है। इसी प्रकार पेशाब, टट्टी आदि की खाद कैसे बनती है? खाद बनाने में जंगल–झाड़ आदि का उपयोग कैसे होगा, उनमें रासायनिक प्रक्रिया,

जीवाणु–प्रगति कैसे होती है– इत्यादि बातों की वैज्ञानिक जानकारी होती है। इसलिए पक्के माल की प्रक्रिया का औद्योगिक दृष्टि से पूर्णरूपेण विकास करना होगा। इस दिशा में प्रयोग की बड़ी गुंजाइश है। शिक्षण–संस्थाओं को इस ओर बारीकी से ध्यान देना चाहिए, ताकि प्रत्येक प्रक्रिया पर स्वतंत्र प्रयोग होकर उसका सम्पूर्ण शास्त्र बन सके।

प्रक्रियाओं का लेखा तैयार करना

ऊपर बतायी गयी प्रक्रियाओं के साथ सफाई का दैनिक साप्ताहिक तथा मासिक लेखा तैयार करना चाहिए। लेखे में औजार की हालत तथा दुरुस्ती का समय, विविध कूड़े का परिचय और तादाद तथा उसकी उपयोगिता का ब्योरा बताना चाहिए, सफाई के साथ लेखे के अलावा सफाई द्वारा प्राप्त संपत्ति का ब्योरेवार लेखा तैयार करना चाहिए।

इस तरह श्रम और समय के हिसाब से आमदनी और खर्च का हिसाब भी रखना आवश्यक है। वस्तुतः लेखे का दायरा बहुत विस्तृत है। हर प्रकार की सफाई का लेखा रखने पर इस चीज का भी हिसाब रखना आसान हो जायेगा कि सफाई के नतीजे से बीमारी तथा मृत्यु–संख्या पर क्या असर पड़ा। हमने कहा है कि सफाई–विज्ञान से विविध विषयों का ज्ञान प्राप्त कर सकते हैं।

लेकिन अगर लेखा ठीक–ठाक और ब्योरेवार न रखा जाय, तो हर वस्तु का ज्ञान आनुमानिक होने के कारण अधूरा रह जायेगा। इससे कुछ धूमिल धारणा भले ही बन जाये, लेकिन शास्त्र नहीं बन पायेगा।

काम करनेवालों के लिए जितना भी अधिक ब्योरे से इसका लेखा लिखा जायेगा उतना ही इस शास्त्र का अधिक विकास हो सकेगा।

काम की जाँच

जैसा कि पहले कहा गया है कि नयी तालीम की दृष्टि से हर उद्योग के तीन हिस्से हैं– आँकना, करना और जाँचना। इनमें आँकने और करने के बारे में सामान्य चर्चा ऊपर आ गयी है।

आखिरी बात जाँचने की होती है। और इसी जाँचने की प्रक्रिया में विषयों का ज्ञान प्राप्त करने की कुंजी छिपी है।

काम करने के बाद हम इस बात की जाँच करते हैं कि हमने उसमें कितना समय और श्रम लगाया है, कच्चे माल से पक्का माल बनाने तक का क्या रूपान्तर हुआ और इन रूपान्तरों के क्या कारण हैं– इन सभी बातों को भली–भाँति जाँचना चाहिए और फिर बाद में देखना चाहिए कि सारे काम के नतीजे से व्यक्ति और समाज को कितना आर्थिक, सांस्कृतिक, सामाजिक, नैतिक, राजनैतिक और स्वास्थ्य, सम्बन्धी लाभ हुआ।

ये लाभ क्यों और कैसे हुए–इसकी भी जाँच करनी होगी। फिर कुछ बातों में हानी भी होती है–उसे ठीक–ठीक देखना होगा। इस प्रकार जब हम हर पहलू से काम के नतीजों को जाँचेगे, तब हमारा ज्ञान–भंडार हर दृष्टि से पूर्ण होगा। इस ज्ञानार्जन की क्रिया को नयी तालीम की भाषा में समवाय–ज्ञान कहते हैं। शिक्षक और शिक्षार्थी इस जाँच के काम को जितनी ही बारीकी से करेंगे, उतनी ही विशुद्ध ज्ञान की वृद्धि होगी।

7

मल–व्यवस्था

केंद्रीय खाद–द्रव्य मिलने के आदमी के बस के जरिये हैं– गोबर खाद और सोन–खाद। उनका महत्व और गोबर–खाद बनाने का तरीका कम्पोस्ट देखने के बाद, अब सोन–खाद के तरीकों को देखना ठीक होगा।

मल–सफाई के लिए हमें जो तरीका अपनाना है, वह ऐसा हो, जिसे कोई भी बिना घृणा के और कम–से–कम मेहनत में कर सके। साथ ही उसकी खाद भी हो। मैले की खाद बनने के लिए और गन्दगी न फैलने के लिए मैले को तुरन्त ही ढँक देना जरूरी होता है।

घर में छोटे बच्चे के मैलो को तुरन्त ही ढँकते हुए हम सतत देखते हैं। बिल्ली अपने मैले को तुरन्त ढँकती है। यह जरूरी नहीं है कि मैले को खूब गहरा गाड़ा जाय। विज्ञान कहता है कि जमीन की ऊपरी नौ इंच की सतह में किसी चीज को सड़ाकर खाद–बनानेवाले जन्तु काफी संख्या में होते हैं।

जितना हम नीचे जाते हैं, उतने ही वे कम प्रमाण में होते हैं और चार फुट के नीचे करीब–करीब नहीं ही होते।

मैल को जितना ऊपर गाड़ा जाय, उतना ही अच्छा है, बशर्ते उसकी बदबू न आये और मक्खियाँ न बैठने पायें। 3–4 इंच से लेकर 8–9 इंच तक की गहराई काफी है।

खुरपी

मैले की खाद बनने के बाद उसको हमें खेत में ले जाना है। इसलिए यदि खेत में ही हम शौच के लिए जायँ, तो सबसे अच्छा। शौच के लिए दूर जाने के रिवाज के मूल में यही बात थी। लेकिन आज न तो हम आम तौर से खेत में जाते हैं, न उस मैले को ढाँकते हैं।

लोग शौच के लिए दूर खेत में जायँ और अपने साथ एक छोटी खुरपी लेते जायँ। खुरपी से तीन–चार इंच गढ़ा बनाकर उसमें शौच फिरें और फिर गढ़े में से निकली हुई मिट्टी से शौच को ठीक से ढाँक दें। ऊपर से जरा दबा दें।

जिस तरह बिना पानी लिए शौच जाना हम अशिष्टता या जंगलीपन समझते हैं, वैसे ही शौच को ढँकने के लिए खुरपी या कोई साधन लिए बगैर बाहर शौच को जाना अशिष्टता समझनी चाहिए।

बाल्टी–पाखाना

मल–सफाई के लिए खुरपी बहुत सादा और आसान साधन है। लेकिन हर कोई दूर या खेत में जा नहीं सकता। रात, बारिश आदि में भी दिक्कत होती है। इसलिए पाखाना घर के आसपास ही कहीं होना चाहिए। बाद में उसमें का मैला कहीं जमीन में गाड़ देने का उपाय निकला। इसके लिए बाल्टी–पाखाना काफी अच्छा होता है।

बाल्टी–पाखाने का चित्र यहां दिया है। बैठने के लिए चौखट और उसके नीचे दो बाल्टियां हैं। एक पेशाब–पानी के लिए, दूसरी मैले के लिए। पास ही किसी बरतन में सूखी मिट्टी रखी रहती है। शौच जानेवाला अपने मैले को मिट्टी से ढँक देता है। मैले को ढाँकने के लिए मिट्टी के बजाय राख का उपयोग किया जा सके, तो अधिक अच्छा है।

राख से ढँके मैले पर मक्खियाँ नहीं बैठतीं। मिट्टी से ढँके मैले पर बैठकर वे अपने अंडे भी वहाँ रख सकती हैं। आध इंच मोटी तह से कम मिट्टी से मैले को ढंकने में मक्खियों का अंडे देने का खतरा बना रहता है। हर रोज गढ़ा

खोदकर या लंबी खाई में या पक्के बाँधे हुए टाँके में मल–मूत्र को दबा दिया जाता है। बाल्टियां, चौखट आदि धोकर फिर से उपयोग में ली जाती हैं। कहीं–कहीं बाल्टी, चौखट आदि के दो जोड़ रखे जाते हैं, जिससे एक दिन उपयोग में लायी हुई बाल्टी आदि, दूसरे दिन धोने के बाद सूखती रहती है।

चौखट की ऊँचाई आमतौर से 18 से 20 इंच और लम्बाई 2.25 से 2.5 फुट होती है। चौखटे को मजबूती देने की दृष्टि से निचले हिस्से में आड़ी पट्टियाँ देकर पैरों को जकड़ दिया गया है।

बाल्टियां जरूरत के अनुसार 10 इंच से 13 इंच तक ऊँचाई की होती हैं। इससे बड़ी बाल्टियों का उपयोग सुविधाजनक नहीं होता। क्योंकि मैले–मिट्टी से भरने के बाद उन्हें उठाना आसान नहीं होता। पेशाब–पानी की बाल्टी पर, बीच में छेदवाला ढक्कन होता है। दोनों बाल्टियां ठीक दीख सकें, इसलिए चित्र में वह नहीं बताया गया है।

ओगर

ऊपर के तरीके एक तरह से बड़ों के ही काम के हैं। छोटे बच्चे, जो बड़ों के पाखाने आदि का उपयोग नहीं कर सकते, उनके लिए कुछ व्यवस्था होनी चाहिए।

बचपन से ही सफाई की आदत डालना अच्छा है। बच्चों के लिए ओगर से किए हुए गढ़े बहुत अच्छा काम देते हैं, ऐसा अनुभव है।

ओगर से आमतौर से 8 इंच चौड़ा और 2 से 2.5 फुट गहरा गोल गढ़ा हो सकता है। उसके ऊपर बैठने के लिए न चौखट की जरूरत होती है, न उसके किनारे के ढहने का डर रहता है। गोल और कम चौड़ाई का गढ़ा होने से मैला ठीक ढँक भी जाता है। पेशाब के लिए सामने की ओर पास ही दूसरा गढ़ा बना सकते हैं। बच्चों के लिए ही नहीं, बीमारों के लिए रात के समय दूर जाना न पड़े, इसलिए भी, ओगर के गढ़े घर के पास या मुहल्ले के कोने में किए जायँ, तो उपयोगी है। गढ़ा भर जाने के बाद बन्द कर दिया जाये। कुछ महीनों के बाद ओगर से ही उसमें की खाद निकाल ली जाय और उस गढ़े का फिर से उपयोग किया जाये।

गोपुरी–पाखाना

गोपुरी–पाखाने का आरंभ श्री अप्पासाहब पटवर्धन ने किया है, जो गांधीजी के साथियों में से महाराष्ट्र के सुप्रसिद्ध सेवक हैं। उनके आश्रम का नाम गोपुरी है। वहाँ यह पाखाना पहले–पहल शुरू हुआ। इसलिए इसका नाम गोपुरी–पाखाना पड़ा है। इसमें बाद में कई सुधार श्रीकृष्ण–दास शाह ने किये हैं। "सफाई" श्री शाह का मिशन है।

कई सालों से अखिल भारतीय सर्वोदय–सम्मेलन की सफाई–व्यवस्था वे ही सँभालते हैं। वे बंबई–सरकार के सफाई–सलाहकार हैं और उस नाते बंबई प्रांत में कई स्थानों पर उन्होंने सफाई का सफल प्रचार किया है। सभी जगह उन्होंने गोपुरी–पाखाने को आजमाया है।

गोपुरी–पाखाने के कई प्रकार हैं। उसमें से कौटुंबिक गोपुरी–पाखाने का वर्णन यहाँ किया जाता है। घर के आहाते में या उसके पास ही 7.75 फुट 6.25 फुट की जगह में यदि वहाँ सख्त जमीन हो, तो 1 फुट गहराई तक और नरम हो, तो 1.50 फुट या 2–2.5 फुट तक खोदा जाय। जमीन बिलकुल पथरीली हो, तो 50 फुट गहराई काफी है। जगह चुनते समय यह ध्यान रखा जाय कि वह ऐसी न हो कि बारिश के दिनों में वहाँ पानी भर जाता हो। खोदने के बाद ऊपर 50 फुट बाकी रहे, इस तरह उसमें छोटे–छोटे पत्थर या ईंटों के टुकड़े भरकर, उस पर मुरुम फैलाकर, पानी छिड़ककर, अच्छी तरह धुम्मस करके फर्श तैयार किया जाय।

यदि जमीन सख्त हो या ठीक–ठीक ऊँची जगह पर हो, तो फर्श को प्लास्टर करने की जरूरत नहीं है। लेकिन जमीन नरम हो और बारिश के मौसम में जमीन के भीतर का पानी उस गढ़े में आने की संभावना हो, तो फर्श चूने का प्लास्टर किया जाये। प्लास्टर के लिए सीमेंट का उपयोग न किया जाये।

जमीन की सतह से आधा फुट नीचे वाले उपर्युक्त फर्श पर चारों ओर तीन–तीन इंच जगह छोड़कर 7.25 फुट 5.75 फुट का नाप लेकर चारों बाजू से दीवार बाँध सकें, इस तरह बाँध–काम शुरू किया जाये। दीवार की चौड़ाई

9" ली जाये। यदि चौड़ाई 14–15" लेनी हो, तो फर्श की लंबाई और चौड़ाई 6–6" ज्यादा लेनी चाहिए। याने 8.25 फुटे 6.75 फुट का फर्श हो। इसमें भी भीतर की दीवारें 9" चौड़ाई की ही मानी हैं। लेकिन जहाँ ईंटें मिलना कठिन होता है और आमतौर से पत्थरों से ही बाँध–काम होता है। वहाँ भीतर की दीवारें भी 15" चौड़ाई की लेनी पड़ती हैं। उस स्थिति में फर्श की चौड़ाई और लंबाई और भी 6" 6" ज्यादा ली जाये। याने 8.75 फुट 7.25 फुट का फर्श हो।

दीवार बाँधते वक्त, पिछला हिस्सा मल–मूत्र की टाँकियों के लिए और अगला हिस्सा घास–फुस की टाँकियों और सीढ़ियों के लिए अलग–अलग हो सके, इसलिए अगली दीवार से 1.50 फुट और पिछली दीवार से 2 फुट छोड़कर बीच में भी 9" चौड़ाई की दीवार बाँधना शुरू किया जाये पिछले भाग के बराबर बीच में भी 9 इंच चौड़ाई की दीवार ली जाये। जिससे कि दो टाँकियाँ बनेंगी, जो कि बारी–बारी से शौच के लिए काम में लायी जायँगी। अगले भाग में दोनों ओर डेढ़–डेढ़ फुट छोड़कर, बीच में 2 फुट जगह रहे, इसलिए 4.50" की दो दीवारें ली जाये। इस तरह सब दीवारों का एक–एक स्तर का बाँध–काम होने पर उसमें पाँच खाने बने हुए दिखाई देंगे।

पिछले दो खाने बारी–बारी से शौच के लिए उपयोग में आनेवाली टाँकियों के लिए, अगले तीन खानों में से बीच का खाना सीढ़ियों के लिए और अगल–बगल के खाने घास–फूस, मिट्टी आदि रखने के लिए होंगे। दूसरा स्तर बाँधते वक्त ढाई फुट की जो दो टाँकियाँ हैं, उनमें हर एक की पिछली दीवार के बीचोबीच 11" की जगह छोड़कर, जमीन की सतह तक बांध काम किया जाए। यह जो 11'' की जगह छोड़ी गयी है, वहाँ भीतर की ओर दीवार से लगाकर ही 4.50" ऊँचाई का बाँध काम किया जाये।

ऊपर से चूने का प्लास्टर देकर, भीतर की और उतार दिया जाये। 11" की जगह टाँकी में से, फावड़े द्वारा आसानी से खाद निकालने के लिए है। भीतरी फर्श से खाद निकालने का मुँह थोड़ा ऊँचा इसलिए रखा जाता है कि पाखाने की टाँकी में पेशाब, पानी और मल के गलने के कारण आनेवाली द्रवता टाँकी से बाहर निकलती न रहे।

8

पर्यावरण स्वच्छता

पारिवारिक स्तर पर स्वच्छता

अच्छी गुणवत्तावाला घर स्वस्थ गाँव के निर्माण के लिए एक महत्वपूर्ण तत्व है। अव्यवस्थित घर की बनावट कई तरह की स्वास्थ्य संबंधी समस्याएँ उत्पन्न कर सकती है और क्षय रोग जैसे संचरणीय बीमारी एवं तनाव व अवसाद जैसी समस्या उत्पन्न कर सकती है।

खराब घर से जुड़ी समस्याएँ

संकरा एवं भीड़–भाड़ वाली स्थिति गंदगी बढ़ाने में मदद करता और बीमारी के फैलने को उचित माहौल उपलब्ध कराता है अर्थात् यह मच्छर एवं अन्य वाहकों के माध्यम से बीमारी के फैलाने में मदद करता है।

घर में न्यून स्वच्छता की स्थिति भोजन एवं जल के दूषित होने की संभावना पैदा करता है।

घर के भीतर स्वच्छ हवा का अभाव श्वसन समस्या को एवं अपर्याप्त प्रकाश की व्यवस्था दृष्टिगत समस्या को उत्पन्न कर सकता है।

अव्यवस्थित रूप से निर्मित घरों में रहने वाले लोगों में तनाव की समस्या अधिक होती है।

वायु का आवागमन

ऐसे घर जहाँ लकड़ी, कोयला एवं गोबर का उपयोग खाना बनाने या घर को गर्म रखने के लिए किया जाता है, उन घरों में हवा के आवागमन के लिए पर्याप्त मात्रा में जगह होनी चाहिए क्योंकि जब ये ईंधन धुँआ छोड़ते हैं तो उसमें खतरनाक रसायन एवं कण शामिल होता है।

इससे श्वसन संबंधी समस्याएँ जैसे श्वसन–शोथ (ब्रोंकाइटिस) एवं अस्थमा जैसे रोग हो सकते हैं और क्षय रोग तपेदिक यक्ष्मा रोग के फैलाव को उचित अवसर उपलब्ध करा सकता है।

यदि महिलाएँ एवं बच्चे घरों में या रसोई में ज्यादा समय बीताती हैं तो और वहाँ हवा के आवागमन की व्यवस्था ठीक नहीं रहने से उनका स्वास्थ्य प्रभावित हो सकता है। जिन घरों में भोजन घर के भीतर बनाया जाता है वहाँ ऐसी व्यवस्था होनी चाहिए कि धुँआ जल्द घर से निकल जाऐ।

इस समस्या का समाधान ऐसे घरों का निर्माण कर किया जा सकता है जिसमें अधिक से अधिक खिड़की की व्यवस्था हो और विशेषकर रसोईघर में यह व्यवस्था अवश्य रूप से होनी चाहिए।

प्रकाश

घरों में खराब प्रकाश की व्यवस्था मानव व उसके स्वास्थ्य पर काफी बुरा प्रभाव डाल सकता है। यह मुख्य रूप से महिलाओं के लिए विशेष रूप से चिंताजनक है जो घरों के भीतर रहकर खाना पकाने का कार्य करती है।

घरों में अधिक खिड़की की व्यवस्था कर प्राकृतिक प्रकाश की व्यवस्था की जा सकती है और इस तरह के समस्याओं का समाधान किया जा सकता है।

यदि सुरक्षा का मामला हो तो खिड़की को ऐसे स्थान पर लगाया जा सकता है जहाँ से बाहर के लोग घर के भीतर नहीं देख सकें या उसे तार की जाली के साथ लगाया जा सकता है जिससे होकर प्रकाश का भीतर आना संभव होता है।

बढ़ा हुआ या पर्याप्त मात्रा में प्राकृतिक प्रकाश घर की सफाई के लिए भी काफी जरूरी है। यदि घर में अँधेरा हो तो वहाँ जमे धूल एवं गंदगी को देखना मुश्किल होता और उसे साफ करना भी संभव नहीं हो पाता।

घरों में रोग वाहक

घर को साफ रखकर घर के भीतर कीड़े –मकोड़ों के प्रवेश को रोका जाऐ अन्यथा घर रोग वाहकों से दूषित हो सकता है। भोजन को ढ़ककर एवं कूड़ा–करकट की साफ–सफाई कर रोगवाहक कीड़े की संख्या घटाई जा सकती है।

यदि मच्छर या मक्खी समस्या उत्पन्न कर रही हो तो खिड़की एवं घर के दरवाजों को जालीदार कपड़ों से ढ़का जाना चाहिए, रात में में उसे बंद रखनी चाहिए एवं बिछावन पर नियमित रूप से मच्छरदानी लगानी चाहिए। घर के आसपास की सफाई आवश्यक रूप से बीमारी के फैलाव के खतरों को कम करता है।

घरों में भीड़–भाड़

घरों में अधिक भीड़–भाड़ भी बीमारी का कारण होता है क्योंकि वहाँ बड़ी आसानी से बीमारी फैलती है क्योंकि कम जगह के कारण लोग हमेशा तनाव में रहते और वे बीमारी का शिकार होते रहते हैं। अधिक भीड़–भाड़ सामाजिक–आर्थिक स्तर से जुड़ा होता है।

गरीबों के पास अक्सर सीमित विकल्प होता है और वे सीमित जगह में ही रहने को मजबूर होते हैं। सिद्धान्त रूप में, घरों में कमरों की संख्या बढ़ाकर स्वास्थ्य की स्थिति में सुधार की जा सकती है परन्तु वास्तव में कमरों की संख्या बढ़ाना काफी मुश्किल होता है।

सावधानीपूर्वक परिवार नियोजन अपनाकर घर में लोगों की संख्या को सीमित किया जा सकता और अत्यधिक भीड़ की समस्या से मुक्ति पाया जा सकता है। यदि समुदाय के लोग अधिक भीड़–भाड़ महसूस करते हैं तो वे पहल कर अपने मकान मालिक से उचित कीमत पर अधिक जगह उपलब्ध

कराने का दबाव डाल सकते हैं। इसके लिए स्थानीय सरकार और दबाव समूह के साथ मिलकर आवास नीति एवं मकान किरायेदारी कानून में संशोधन के लिए पहल की जा सकती है ताकि सभी को पर्याप्त मात्रा में रहने के लिए घर उपलब्ध हो सके।

शौचालय की जानकारी

कम्पोस्ट शौचालय की जानकारी

मल एक ऐसी वस्तु है जो हमारे पेट में तो पैदा होती है पर जैसे ही वह हमारे शरीर से अलग होती है हम उस तरफ देखना या उसके बारे में सोचना भी पसंद नहीं करते।

पर आंकडे बताते हैं कि फ्लश लैट्रिन के आविष्कार के 100 साल बाद भी आज दुनिया में सिर्फ 15: लोगों के पास ही आधुनिक विकास का यह प्रतीक पहुंच पाया है और फ्लश लैट्रिन होने के बावजूद भी इस मल का 95: से अधिक आज भी नदियों के माध्यम से समुद्र में पहुंचता है बगैर किसी ट्रीटमेंट के।

दुनिया के लगभग आधे लोगों के पास पिट लैट्रिन है जहां मल नीचे गड्ढे में इकट्ठा होता है और आंकडों के अनुसार इनमें से अधिकतर से मल रिस रिस कर जमीन के पानी को दूषित कर रहे हैं। छत्तीसगढ में बिलासपुर जैसे शहर इसके उदाहरण हैं।

और शहरों का क्या कहें, योजना आयोग के आंकडे के अनुसार राजधानी दिल्ली में 20: मल का भी ट्रीटमेंट नहीं हो पाता शेष मल फ्लश के बाद सीधे यमुना में पहुंच जाता है। इस दुनिया ने बहुत तरक्की कर ली है आदमी चांद और न जाने कहां–कहां पहुंच गया है पर हमें यह नहीं पता कि हम अपने मल के साथ क्या करें। क्या किसी ने कोई गणित लगाया है कि यदि सारी दुनिया में फ्लश टॉयलेट लाना है और उस मल का ट्रीटमेंट करना है तो विकास की इस दौड में कितना खर्च आयेगा ?

दक्षिण अफ्रीका में 1990 के एक विश्व सम्मेलन में यह वादा किया गया

था कि सन 2000 तक सभी को आधुनिक शौचालय मुहैया करा दिया जायेगा। अब सन 2000 में वादा किया गया है कि 2015 तक विश्व के आधे लोगों को आधुनिक शौचालय मुहैया करा दिये जायेंगे। भारत समेत दुनिया के तमाम देशों ने इस वचनपत्र पर हस्ताक्षर किये हैं और इस दिशा में काम भी कर रहे हैं।

भारत के आंकडों को देखें तो ग्रामीण इलाकों में सिर्फ 3ः लोगों के पास फ्लश टायलेट हैं शहरों में भी यह आंकडा 22.5ः को पार नहीं करता।

स्टाकहोम एनवायरनमेंट इंस्टीट्यूट दुनिया की प्रमुखतम पर्यावरण शोध संस्थाओं में से एक है। इस संस्था के उप प्रमुख योरान एक्सबर्ग कहते हैं फ्लश टायलेट की सोच गलत थी, उसने पर्यावरण का बहुत नुकसान किया है और अब हमें अपने आप को और अधिक बेवकूफ बनाने की बजाय विकेन्द्रित समाधान की ओर लौटना होगा।

सीधा सा गणित है कि एक बार फ्लश करने में 10 से 20 लीटर पानी की आवश्यकता होती है यदि दुनिया के 6 अरब लोग फ्लश लैट्रिन का उपयोग करने लगे तो इतना पानी आप लायेंगे कहां से और इतने मल का ट्रीटमेंट करने के लिये प्लांट कहां लगायेंगे ?

हमारे मल में पैथोजेन होते हैं जो सम्पर्क में आने पर हमारा नुकसान करते हैं। इसलिये मल से दूर रहने की सलाह दी जाती है। पर आधुनिक विज्ञान कहता है यदि पैथोजेन को उपयुक्त माहौल न मिले तो वह थोड़े दिन में नष्ट हो जाते हैं और मनुष्य का मल उसके बाद बहुत अच्छे खाद में परिवर्तित हो जाता है जिसे कम्पोस्ट कहते हैं।

वैज्ञानिकों के अनुसार एक मनुष्य प्रतिवर्ष औसतन जितने मल मूत्र का त्याग करता है उससे बने खाद से लगभग उतने ही भोजन का निर्माण होता है जितना उसे सालभर जिन्दा रहने के लिये जरूरी होता है।

यह जीवन का चक्र है। रासायनिक खाद में भी हम नाइट्रोजन, फास्फोरस और पोटेशियम का उपयोग करते हैं। मनुष्य के मल एवं मूत्र उसके बहुत अच्छे स्रोत हैं।

एक आधुनिक विकसित मनुष्य के लिये यह सोच भी काफी तकलीफदेय है कि हमारा भोजन हमारे मल से पैदा हो पर सत्य से मुंह मोड़ना हमें अधिक दूर नहीं ले जायेगा।

विकास की असंतुलित अवधारणा ने हमें हमारे मल को दूर फेंकने के लिये प्रोत्साहित किया है, फ्लश कर दो उसके बाद भूल जाओ। रासायनिक खाद पर आधारित कृषि हमें अधिक दूर ले जाती दिखती नहीं है। हम एक ही विश्व में रहते हैं और गंदगी को हम जितनी भी दूर फेंक दे वह हम तक लौट कर आती है।

गांधी जी अपने आश्रम में कहा करते थे गड्ढा खोदो और अपने मल को मिट्टी से ढक दो। आज विश्व के तमाम वैज्ञानिक उसी राह पर वापस आ रहे हैं। वे कह रहे हैं कि मल में पानी मिलाने से उसके पैथोजेन को जीवन मिलता है वह मरता नहीं। मल को मिट्टी या राख से ढंक दीजिये वह खाद बन जायेगी।

इसके बेहतर प्रबंधन की जरूरत है दूर फेंके जाने की नहीं। हमें अपने सोच में यह बदलाव लाने की जरूरत है कि मल और मूत्र खजाने हैं बोझ नहीं। यूरोप और अमेरिका में ऐसे अनेक राज्य हैं जो अब लोगों को सूखे टॉयलेट की ओर प्रोत्साहित कर रहे हैं। चीन में ऐसे कई नए शहर बन रहे हैं जहां सारे के सारे आधुनिक बहुमंजिली भवनों में कम्पोस्ट टायलेट ही होंगे।

भारत में भी इस दिशा में काफी लोग काम कर रहे हैं। केरल की संस्था ने इस दिशा में कमाल का काम किया है। मध्यप्रदेश के वरिष्ठ अधिकारियों ने केरल में उनके कम्पोस्ट टॉयलेट का दौरा किया है।

विज्ञान की मदद से आज हमें किसी मेहतरानी की जरूरत नहीं है जो हमारा मैला इकट्ठा करे। कम्पोस्ट टॉयलेट द्वारा मल मूत्र का वैज्ञानिक प्रबंधन बहुत सरलता से सीखा जा सकता है। गांवों में यह सैकडों नौकरियां पैदा करेगा, कम्पोस्ट फसल की पैदावार बढाएगा और मल के सम्पर्क में आने से होने वाली बीमारियों से बचायेगा। मल को नदी में बहा देने से वह किसी न किसी रूप में हमारे पास फिर वापस आती है।

गांधी जी ने एक बार कहा था शौच का सही प्रबंधन आजादी से भी अधिक महत्वपूर्ण विषय है। कम्पोस्ट टॉयलेट आज की गांधीगिरी है।

शोचालय साफ सफाई का भविष्य

इकोजैनजलापूर्ति बोर्ड के किसी भी इंजीनियर से अगर आप बात करें तो वह यही कहेगा कि जलापूर्ति नहीं बल्कि मलजल (सीवेज) का प्रबंधन करना सबसे बड़ा सिरदर्द बन गया है। आंकडे भी यही दर्शाते हैं कि लगभग सभी लोगों को भिन्न मात्रा और भिन्न गुणवत्ता का पानी मुहैया है लेकिन अच्छी सफाई शायद कुछ ही लोगों को मुहैया है।

सितम्बर 2000 में संयुक्त राष्ट्र द्वारा अपनाए गए एमडीजी में भारत ने भी हस्ताक्षर किए हैं इसलिए उसे 2015 तक कम से कम 50 फीसदी लोगों को अच्छी सफाई (सेनिटेशन) सुविधाएं मुहैया करानी है। इसका अर्थ यह हुआ कि भारत को हमारी 78 फीसदी ग्रामीण आबादी के 50 फीसदी और 24 फीसदी शहरी आबादी के लिए कम से कम 115 मिलियन के आधे शौचालय मुहैया कराने हैं। सचमुच यह एक बड़ा काम है।

आमतौर पर शौच आदि के लिए सजल शौचालय या गड्ढा शौचालय बनाए जाते हैं। इन दोनों से ही भूजल दूषित होता है और पर्यावरण भी असंतोषजनक हो जाता है। यहां तक कि जल संसाधनों के धनी केरल और गोवा में भी पर्याप्त सेनिटेशन की कमी के चलते भूजल इतना दूषित हो गया है कि बहुत से कुएं बेकार हो गए हैं।

सेनिटेशन और जलापूर्ति दोनों एक दूसरे से जुड़े हैं। पानी मुहैया न होने की वजह से कई ग्रामीण अंचलों में शौचालय बेकार हो गए हैं।

सोचिए! जब पीने के लिए पानी न हो तो क्या आप शौचालय के लिए पानी का इस्तेमाल करेंगे? दूसरी और व्यापक उपचार सुविधाओं वाली भूमिगत सीवेज व्यवस्था बहुत मंहगी और कठिन है।

उसमें ऊर्जा की खपत ज्यादा है और काम भी सन्तोषजनक नहीं है। शहरों के बाहर, गांवों और कठोर चट्टानी इलाकों में घरों में या तो ठोस

तकनीकी समाधान हैं ही नहीं और जो हैं वे बहुत मंहगे हैं। ऐसे में निर्जल (शुष्क) खाद शौचालय ही एकमात्र समाधान है। खाद शौचालय में मल एकत्रित होता है और यह मल को भूजल या जल निकायों को प्रदूषित किए बिना पौधों की वृद्धि के लिए खाद में बदल लेता है।

इकोजैन

टिनड्रम और बैरल पैन के आगे का भाग मूत्र के लिए और ढक्कन वाला भाग मल के लिए है। शौचालय का प्रयोग करने के बाद मल को बुरादे से ढक दिया जाता है, यदि कागज का प्रयोग किया जाता है तो उसे भी उसी भाग में डालें जहां मल जाता है, विकल्प के रूप में पानी भी वहां डाला जा सकता है, महत्वपूर्ण है पूरे भाग को बुरादे से ढकना, इससे वहां न तो कोई दुर्गन्ध होगी, न ही मक्खी मच्छर आदि होंगे।

मूत्र को प्लास्टिक के बैरल में इकठ्ठा करते हैं और उसे 1–3 या 1–8 के अनुपात से पानी मिलाकर पौधों, खासतौर पर पेड़ों के लिए इस्तेमाल किया जा सकता है जहां यह नाइट्रोजन तत्व वाली अच्छी उर्वरक बनाता है।

मल को एक टिन के डिब्बे में इकट्ठा किया जाता है, जब डिब्बा भर जाए तो उसके स्थान पर दूसरा रख दिया जाता है फिर बड़े ड्रम में या गड्ढे में आगे की प्रक्रिया के लिए डाल दिया जाता है। इसे पत्तियों आदि से पूरी तरह ढककर उसे 6 महीने के लिए छोड़ दिया जाता है उसके बाद इसे मिट्टी के पोषक के रूप में इस्तेमाल किया जा सकता है।

टिप्पी टैप

टिप्पी टैप धोने आदि के इस्तेमाल के लिए टिप्पी–टैप का विकास सेंटर फॉर एप्लाइड रूरल टेक्नोलॉजी, मैसूर ने किया जिससे 80 मिली. पानी के इस्तेमाल भर से ही धोने की क्रिया (हाथ आदि) पूरी की जा सकती है।

टिप्पी टैप को शौचालय में बुरादे से ढके मल वाले पैन के समीप लगाया जा सकता है। सेनिटेशन की इस पद्धति में एक परिवार के लिए 1 ली. से भी कम पानी की खपत होती है, यह मल को उर्वरक में बदल देता है, यह

साफ–सुथरी, सस्ती तकनीक कहीं भी लगाई जा सकती है। शौचालय की छत पर 200 ली. के ड्रम में संचित किया हुआ जल शौचालय में धोने सम्बंधी सभी क्रियाओं को पूरा कर सकता है।

इकोजैन के लिए वर्षाजल संचय मल और मूत्र को पृथक करने वाली व्यवस्था भारत में ही नहीं यूरोपीय शैली में भी है। ऐसे शौचालय का इस्तेमाल घरों, फ्लैट आदि में किया जा रहा है। स्वीडन, जर्मन, डेनमार्क, अमेरिका, चीन, लंका आदि कई देशों में इको–जैन विकल्पों को अपनाया जा रहा है। भारत में भी सुलभ आंदोलन के डॉ. बिन्देश्वर पाठक और त्रिवेन्द्रम, केरल में पॉल कालवर्ट इको–जैन हीरो के रूप में जाने जाते हैं।

9

स्वच्छता एक नैतिक मूल्य

केंद्र में राजग की सरकार बनने के बाद गांधी की स्वच्छता संबंधी सोच को लेकर चर्चा तेज हो गई है। पिछले वर्ष दो अक्तूबर को सांकेतिक रूप में प्रधानमंत्री से लेकर राजग के कई मंत्री, नेता तक हाथ में झाड़ू लेकर जनता को स्वच्छता का पाठ पढ़ाने सड़कों पर उतर पड़े।

प्रधानमंत्री ने स्वच्छता अभियान को असरदार बनाने के लिए नौ सदस्यी मंडली बनाई। सरकारी तंत्र द्वारा इसका प्रचार भी खूब हो रहा है। इसे देखते हुए कभी–कभी लगता है कि क्या गांधी कूड़ा–कचरा बुहारने वाले एक सफाई कर्मचारी मात्र थे? सच तो यह है कि कूड़े–कचरे की सफाई गांधी की स्वच्छता संबंधी व्यापक सोच का एक छोटा–सा पहलू मात्र है।

स्वच्छता पर बात करते हुए अक्सर कबीरदास का यह दोहा याद आ जाता है। 'नहाए धोए क्या भया जो मन मैल न जाये मीन सदा जल में रहे धोए बास न जाये।' इसका मतलब यह नहीं कि कबीर नहाने–धोने का विरोध करते हैं, बल्कि वे तो यह अहसास कराना चाहते हैं कि नहाना–धोना, शरीर को साफ रखना जरूरी है, पर इतने भर से सफाई का काम पूरा नहीं हो जाता। असली सफाई का संबंध तो मन का मैल साफ करने से है, यानी मन से ईर्ष्या, द्वेष, वासना, तृष्णा जैसी दुष्प्रवृत्तियों का सफाया करना मनुष्य होने के लिए आवश्यक है। बाहरी सफाई के बावजूद मन से अगर वासनाओं का

सफाया नहीं किया गया, तो मनुष्य उसी तरह गंधाता रहेगा जिस तरह जल में निरंतर वास करने के बावजूद मछली गंधाती रहती है। यानी सफाई तन से होते हुए मन तक जाए, बाह्य गंदगी के साथ–साथ अंतः करण में लोभ, कामुकता, घृणा आदि के रूप में जमी हुई काई का भी प्रक्षालन हो, तभी स्वच्छता पूर्णता को प्राप्त कर सकती है।

गांधी के जीवन–दर्शन में स्वच्छता के बाहरी और आंतरिक दोनों पक्षों का एक–दूसरे से अटूट संबंध दिखता है। यह सत्य है कि बाहरी सफाई गांधी को इतनी प्रिय थी कि वे काया, कपड़े, घर–बार से लेकर मल–मूत्र तक की सफाई के काम खुद करते थे। अपना तो अपना, दूसरों का मल–मूत्र भी साफ करने से उन्हें परहेज नहीं था।

अपनी 'आत्मकथा' (सत्य के प्रयोग) में उन्होंने अपने सफाई संबंधी कई कार्यों का उल्लेख किया है, जिनका संबंध उनके कपड़े धोने, हजामत बनाने से लेकर मल–मूत्र तक की सफाई से था। उनके लिए सफाई का मतलब तड़क–भड़क वाली पोशाक पहनना, भव्य मकान में रहना नहीं था, न नाना आभूषणों से शरीर को सजाना था।

उनकी सफाई सादगी का पर्याय थी। साफ–सुथरे पहनावे से लेकर मिट्टी, बांस, खपरैल से बने मकानों की सादगी ही उन्हें पसंद थी। उनके दक्षिण अफ्रीका में बनाए फीनिक्स आश्रम से लेकर अहमदाबाद के साबरमती, वर्धा के सेवाग्राम, बिहार के भीतिहरवा जैसे आश्रमों को देख कर इस सत्य का पता चल जाता है।

दरअसल, गांधी की स्वच्छता प्रकृति की संगति में सन्निहित थी। पर अब तो स्वच्छता के नाम पर भव्यता–प्रदर्शन के लिए प्रकृति–विरोधी कार्यों को अंजाम दिया जा रहा है। आज का स्वच्छता अभियान हमारे दोहरे चरित्र को उजागर करता है।

पहले हम गंगा को औद्योगिक और घरेलू कचरे से गंदा करते हैं, फिर उसकी सफाई के लिए करोड़ों रुपए की योजनाएं बनाते हैं, जिनमें गंगा की सफाई कम होती है, योजनाकारों की तिजोरी अधिक भरती है।

यही नहीं, स्वच्छ आवास, विलासितापूर्ण रहन–सहन के लिए नदी, पहाड़, जंगल सबकी हम 'सफाई' करते जा रहे हैं, जो गांधी के स्वच्छता संबधी सिद्धांतों का सरासर हनन है, क्योंकि उनका मानना था कि हमारी जीवन–शैली ही ऐसी हो जो अधिक से अधिक प्रकृति के साथ तालमेल करके चले। न अतिशय औद्योगीकरण से नदियों का नाश करें, न पर्यावरण प्रदूषण करें, न प्रकृति का क्षरण करें।

भारत को 'स्वच्छ' बनाने के नाम पर परमाणु संयंत्र, स्मार्ट सिटी, बहुमंजिली इमारतों के जाल आदि के अभिलाषी हमारे विकास–पुरुषों को गांधी के इस गूढ़ स्वच्छता–बोध पर ध्यान देने की आवश्यकता है।

गांधी के सफाई–सरोकार केवल बाहरी जगत तक सीमित नहीं थे। यह तो उनके जीवन–दर्शन की पहली सीढ़ी थी, जिससे होते हुए वे आंतरिक सफाई– मन के मैल की सफाई– तक खुद पहुंचे और वहां तक पहुंचने का वे दूसरों से भी लगातार आग्रह करते रहे।

गांधी के स्वच्छता–बोध का परम लक्ष्य था मनुष्य का हृदयांतरण– जिसमें द्वेष, हिंसा, लोभ, विषयासक्ति आदि का कोई स्थान न हो।

इस संबंध में उन्होंने जितना लिखा–कहा और किया, उतना बाह्य स्वच्छता के संबंध में नहीं। आंतरिक सफाई के लिए तो उन्होंने अपने पूरे जीवन को ही प्रयोगशाला बना डाला।

भारत और पश्चिम के पुराने और आधुनिक विचारकों के संपर्क में आकर गांधी इस धारणा के कायल हो चुके थे कि जब तक मन के विकारों पर काबू नहीं होगा, मनुष्य का चित्त चंचल रहेगा और तब वह अच्छे काम करने के बजाय गंदी आदतों और दुर्व्यसनों का शिकार होकर सामाजिक जीवन में गंदगी फैलाने का कारण बनेगा।

उन्होंने 'हिंद स्वराज' में सभ्यता को परिभाषित करते हुए जो लिखा 'सभ्यता वह आचरण है, जिससे आदमी अपना फर्ज अदा करता है। फर्ज अदा करने के माने है नीति का पालन करना।

नीति के पालन का मतलब है अपने मन और इंद्रियों को वश में रखना। ऐसा करते हुए हम अपने को पहचानते हैं। यही सभ्यता है। इससे जो उल्टा है वह बिगाड़ करने वाला है।'

गांधी की दृष्टि में सभ्य होने के लिए केवल तन, वस्त्रों, सड़कों, घर का स्वच्छ होना पर्याप्त नहीं, बल्कि मन का विकार–रहित होना अधिक आवश्यक है, क्योंकि मन में अगर मैल हो तो आदमी न खुद को पहचान सकता है, न नीति का पालन कर सकता है।

यानी गांधी का स्वच्छता–बोध पूर्णतः एक नैतिक मूल्य है। इसे साधने के लिए ही उन्होंने ब्रह्मचर्य के महत्त्व को रेखांकित किया। उन्होंने खुद ब्रह्मचर्य–व्रत का पालन शुरू किया और उसका निर्वाह जीवन के आखिरी पहर तक किया। ब्रह्मचर्य का पालन वे हर व्यक्ति के लिए आवश्यक मानते थे, क्योंकि यही समस्त विकारों के दमन और इंद्रियों को वश में रखने का अमोघ अस्त्र था।

इंद्रियों को वश में करने और मन का मैल साफ करने के क्रम में ही गांधीजी ने अपने आश्रमों में सुबह–शाम प्रार्थनाएं करने का सिलसिला चलाया। उनके आश्रम में हिंदू, ईसाई, इस्लाम, पारसी आदि सभी धर्मों से जुड़ी प्रार्थनाएं गाई जाती थीं। पर इसके लिए उन्होंने मंदिर, देवालय निर्माण या मूर्ति–स्थापना को कतई आवश्यक नहीं समझा।

ये प्रार्थनाएं खुले आकाश के नीचे, दसों दिशाओं से घिरे प्रांगण में सार्वजनिक रूप से होती थीं। नवजीवन प्रेस अहमदाबाद ने 'आश्रम भजनावलि' नाम से गांधी द्वारा गवाए जाने वाले भजनों का एक संग्रह छापा है, जिसमें दो सौ से अधिक भजन हैं।

इन भजनों से साफ पता चलता है कि गांधीजी ने मन और इंद्रियों को वश में करने और त्याग, अपरिग्रह, सेवा, सादगी, करुणा, दया, क्षमा, सहिष्णुता आदि का महत्त्व दर्शाने वाले भजनों को ही महत्त्व दिया है। गांधी के स्वच्छता–बोध को संपूर्णता में समझने के लिए इन भजनों में भी पैठना आवश्यक है।

दरअसल, मनुष्य के अंतः करण से लोभ, क्रोध, हिंसा, विलासप्रियता आदि को दूर करते हुए आवश्यकताओं के सीमित, छोटे घरौंदे में जीवन–यापन को श्रेयस्कर मानते हुए गांधी विकास के नाम पर फैलती दैत्याकार मशीन केंद्रित उत्पादन पद्धति के बरक्स शारीरिक श्रम पर आधारित और अतिशय भोग, लोभ, कामासक्ति आदि को नियंत्रित करने वाले जिस उद्योग–तंत्र की वकालत करते हैं, वही जर्मन दार्शनिक शुमाखर की 'स्माल इज ब्युटीफुल' नामक पुस्तक में विवेचित होकर सामने आया है। पर खेद का विषय है कि गांधी के इस आंतरिक स्वच्छता–बोध से हमारा रिश्ता छत्तीस का होता जा रहा है।

विकास के नाम पर नाना प्रकार की अवांछनीय, अनावश्यक सामग्री का उत्पादन कर कृत्रिम आवश्यकताओं को, उपभोक्तावाद को बढ़ावा दिया जा रहा है। अब आवश्यकता आविष्कार की जननी नहीं रही, बल्कि आविष्कार आवश्यकता का जनक.हो चला है।

हमारे यहां धर्म, अर्थ, काम और मोक्ष, चारों को जीवन के लिए महत्त्वपूर्ण मानते हुए भी अर्थ और काम पर धर्म और मोक्ष को ही वरीयता दी गई। पर अब धर्म और मोक्ष को हाशिये पर करते हुए भारत भी पश्चिम की तर्ज पर अर्थ और काम की ओर तेजी से भाग रहा है।

इसके फलस्वरूप जहां समाज हत्या, बलात्कार, भ्रष्टाचार, प्रकृति प्रदूषण आदि से विरूप होता जा रहा है, तो व्यक्ति विविध व्याधियों का शिकार होता जा रहा है। कहने को तो उपचार के लिए बड़े–बड़े अस्पताल, नर्सिंग होम धड़ल्ले से खुलते जा रहे हैं, डॉक्टरों की फौज तैयार होती जा रही है विकास के नाम पर, पर यह सब विकास के लक्षण हैं या अत्यधिक बीमार होते जाने के, यह एक विचारणीय प्रश्न है।

पूरा समाज विकृतियों और व्याधियों का मंदिर बनता जाए, आदमी का मन धन और पद–लोलुपता, प्रतिहिंसा, कामासक्ति का भंडार बनता जाए, तो ऐसे में सिर्फ सड़कों पर झाडू लगाने का क्या औचित्य रह जाता है!

गांधी का स्वच्छता–बोध केवल घर बुहारने या कचरा साफ करने तक

सीमित नहीं है, बल्कि वह इससे आगे बढ़ कर व्यक्ति के भौतिक जीवन से लेकर अंतः करण तक की स्वच्छता से संबद्ध है। गांधी के नाम पर स्वच्छता अभियान चलाने वालों को उनके समग्र स्वच्छता–बोध को आत्मसात कर क्रियान्वित करना होगा।

ऐसा करके ही हम धरती की जंगल, नदी, पहाड़, पशु–पक्षी जैसी न्यामतों को बचा सकते हैं, क्योंकि इनका बचे रहना मनुष्य जाति के बचे रहने के लिए अपरिहार्य है– यही सबक सिखाता है गांधी का स्वच्छता–बोध।

10

भारत में ग्रामीण एवं नगरीय स्वच्छता

भारत ने 1947 में स्वतन्त्रता मिलने के बाद से अब तक के बीते दशकों में कई क्षेत्रों में उल्लेखनीय प्रगति की है। हमारी प्रति व्यक्ति आय बढ़ रही है और आजादी के समय की 40 वर्ष से कम की औसत जीवन अवधि (आयु) अब बढ़कर 66 वर्ष हो गई है।

इसी तरह 1950 की शुरूआत में दर्ज 150 प्रति 1000 की शिशु मृत्यु दर भी 2013 में घटकर 42 प्रति 1000 रह गई है। 2011 की जनगणना के अनुसार सकल साक्षरता दर 74 प्रतिशत हो गई है जो 1951 में 20 प्रतिशत से भी कम थी। पर, दूसरी ओर भारत में कुपोषितों की संख्या विश्व में सर्वाधिक है।

कुछ शोधकर्ताओं के अनुसार विश्व में लगभग 80 करोड़ (800 मिलियन) लोग भूखे हैं जिसमें से 22.5 करोड़(225 मिलियन) भारत में हैं। (स्वामीनाथन 2003, राधाकृष्ण 2005)।

अध्ययन बताते हैं कि कुपोषण भोजन के साथ–साथ सुरक्षित पेयजल और स्वच्छता तक पहुँच न होने से उपजता है। अतिसार (डायरिया) आन्त्रशोथ (डिसेण्ट्री) और मियादी बुखार (टायफॉइड) सदृश जल–जनित रोग बड़ी बीमारी के बोझ और कामकाजी दिनों के नुकसान से जुड़े हुए हैं।

स्वच्छ जल और सफाई तक पहुँच को स्वास्थ्य का सर्वाधिक महत्वपूर्ण निर्धारक माना गया है। पानी से होने वाले रोग वयस्कों में होने वाली रुग्णता का एक तिहाई और बच्चों के रोगों का दो तिहाई होते हैं (एचएलईजी 2011)।

बारहवीं पंचवर्षीय योजना में 'द लांसेट' पत्रिका में छपे एक शोध लेख का उल्लेख है जिसमें कहा गया है कि सुरक्षित पेयजल और स्वच्छता की कमी से ट्रॉपिकल एण्टेरोपैथी नाम की छोटी आँत की बीमारी होने लगती है। इसका कारण गन्दगी और अस्वछता के वातावरण में रह रहे छोटे बच्चों के मल में पनपने वाला बैक्टीरिया होता है।

लेख यह सुझाता है कि शौचालयों की उपलब्धता, उनके बनवाने और मल त्याग (शौच) के बाद धोने को बढ़ावा देकर ट्रॉपिकल एण्टेरोपैथी को रोका अथवा कम किया जा सकता है और बाल विकास पर पड़ने वाले दुष्प्रभावों को कम किया जा सकता है (योजना आयोग 2013–306 में उद्धृत हम्फ्री 2009)।

जुलाई 2012 में पूरे हुए सम्पूर्ण स्वच्छता अभियान (टीएससी) के अध्ययन से भी यह पता चलता है कि बेहतर स्वच्छता मिलने से शिशु मृत्यु दर में कमी आती है। यह भी कि ग्रामीण क्षेत्र में शौचालय सुविधा से युक्त घरों में जन्म लेने वाले बच्चे ऐसी सुविधा से रहित घरों में पैदा होने वाले बच्चों से कहीं अधिक लम्बे होते हैं (योजना आयोग 2013–307 में उद्धृत स्पीयर्स 2012)।

यह बताना जरूरी है कि भारत की 1.21 अरब जनसंख्या अधिकांशतः ग्रामीण क्षेत्र में और शहरी बस्तियों में निवास करती है। 2011 की जनगणना के अनुसार देश में 7935 नगर (शहर) और उपनगर (कस्बे) तथा 6.4 लाख गाँव हैं।

लगभग एक तिहाई (31 प्रतिशत) आबादी नगरीय क्षेत्र में और तीन चौथाई आबादी ('ये दो तिहाई होना चाहिए') ग्रामीण क्षेत्र में रहती है। ग्रामीण और शहरी क्षेत्रों की विविधता को ध्यान में रखते हुए ग्रामीण और नगरीय स्वच्छता को अलग–अलग करके देखना चाहिए।

ग्रामीण स्वच्छता से अर्थ न केवल आसपास फैले कूड़े–कचरे को हटाना है बल्कि इसका आशय शौचालय, सुरक्षित पेयजल की उपलब्धता और निकासी प्रणाली से शौचालयों को जोड़ना भी है।

ग्रामीण क्षेत्रों में यह एक बड़ी समस्या है। जल और स्वच्छता तक पहुँच के जनगणना आँकड़े ये बताते हैं कि मात्र 13 प्रतिशत ग्रामीण घरों में ही किसी प्रकार की शौचालय सुविधा है। 2001 से 2011 के 10 वर्षों में शौचालय सुविधा में मात्र एक प्रतिशत प्रतिवर्ष के हिसाब से ही वृद्धि देखी गई। इस दर से तो भारत वर्ष 2081 तक ही सार्वभौम स्वच्छता हासिल कर पाएगा।

अतः ग्रामीण क्षेत्रों में शौचालय सुविधा उपलब्ध कराने की रफ्तार बहुत धीमी है और खुले में शौच करना एक गम्भीर समस्या है। इसी प्रकार घरों में नल के पानी और निकासी के प्रबन्ध का अनुपात भी एक तिहाई के स्तर पर है। यह बताना आवश्यक है कि कई गाँवों और कस्बों के निचले इलाकों में निकासी व्यवस्था न होने से मानसून के दौरान (वर्षाकाल) बाढ़ जैसी स्थिति उत्पन्न हो जाती है।

आँकड़े यह भी दर्शाते हैं कि टेलीविजन और मोबाइल का ग्रामीण क्षेत्रों में बड़ी तेजी से विस्तार हुआ है। वर्ष 2011 में ग्रामीण क्षेत्रों के आधे से ज्यादा घरों में मोबाइल अथवा टेलीफोन थे जबकि इसकी तुलना में सिर्फ एक तिहाई घरों में ही शौचालय बन पाए थे।

राज्यों के स्तर पर नल के पानी और सफाई सुविधाओं की उपलब्धता के आँकड़ों में भारी भिन्नता है। बिहार, झारखण्ड, ओडिशा, छत्तीसगढ़ और मध्य प्रदेश में 10 प्रतिशत से भी कम घरों को नल पाइप से पीने का पानी पहुँच पाया है। इसी तरह इन राज्यों में शौचालय सुविधा भी 20 प्रतिशत से कम घरों में मिल पाई है। दूसरी ओर, केरल में राज्य स्तर पर ग्रामीण क्षेत्र में भी 90 प्रतिशत से अधिक घरों में शौचालय सुविधा प्राप्त है।

सम्पूर्ण स्वच्छता अभियान को ग्रामीण विकास मन्त्रालय ने 1999 में माँग आधारित सामुदायिक कार्यक्रम के तौर पर शुरू किया था। ग्रामीण क्षेत्र के लोगों को शौचालय सुविधाओं की आवश्यकता के प्रति जागरूक बनाने के

लिए इस कार्यक्रम में सूचना, शिक्षा एवं संवाद (आईईसी) की मजबूत व्यवस्था की गई थी। योजना आयोग (2013) के मतानुसार 2001 की जनगणना में 22 प्रतिशत शौचालय सुविधा का 2011 की जनगणना में बढ़कर 31 प्रतिशत हो जाने का प्रमुख कारण सम्पूर्ण स्वच्छता अभियान है।

वर्ष 2001 एवं 2011 जनगणना के अनुसार टेलीविजन और मोबाइलटेलीफोन की तुलना में शौचालय सुविधा वाले घरों का प्रतिशत–

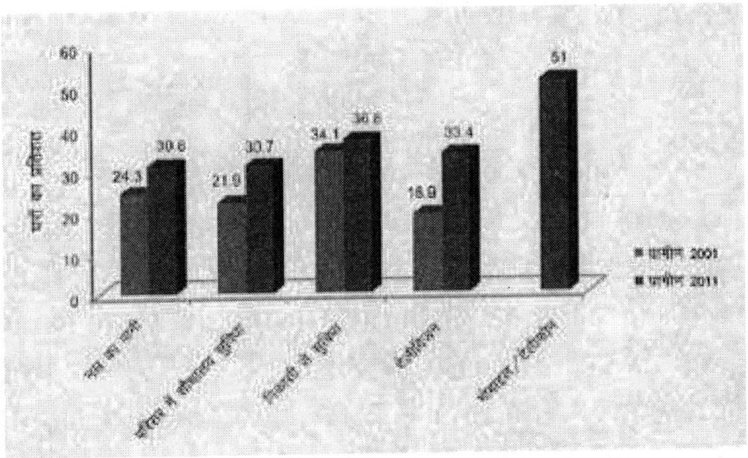

परिणामतः स्वच्छता कार्यक्रम को बढ़ावा देने के उद्देश्य से सरकार ने उन ग्राम पंचायतों, ब्लॉक एवं जिलों के लिए वर्ष 2005 में निर्मल ग्राम पुरस्कार की शुरुआत की थी जिन्होंने शत–प्रतिशत स्वच्छता कवरेज प्राप्त कर ली थी।

टीएससी में बड़ी समस्या यह है कि इसके पास उपलब्ध तकनीक की अपनी सीमाएँ हैं जबकि देश के भौगोलिक, जलीय एवं सामाजिक–आर्थिक परिवेशों में भारी विभिन्नता है। परिणामतः स्वच्छता कार्यक्रम को बढ़ावा देने के उद्देश्य से सरकार ने उन ग्राम पंचायतों, ब्लॉकों एवं जिलों के लिए वर्ष 2005 में निर्मल ग्राम पुरस्कार की शुरुआत की थी जिन्होंने शत–प्रतिशत स्वच्छता कवरेज प्राप्त कर ली थी।

टीएससी में बड़ी समस्या यह है कि इसके पास उपलब्ध तकनीक की अपनी सीमाएँ हैं जबकि देश के भौगोलिक, जलीय एवं समाजिक–आर्थिक परिवेशों में भारी विभिन्नता है।

पेयजल और स्वच्छता निर्माण परियोजनाओं की एकरूपता को सुनाम करने के लिए वर्ष 2012 में टीएससी को निर्मल भारत अभियान (एनबीए) के रूप में नई नीति के रूप में परिवर्तित कर दिया गया। यह भी सोचा गया कि जलापूर्ति एवं शौचालयों के निर्माण की योजनाओं को एक साथ चलाने से शौचालयों के उपयोग के पक्ष में लोगों की सोच बदली जा सकेगी। तथापि, एनबीए के लिए आबंटित धनराशि मामूली रही जबकि ग्रामीण क्षेत्रों में लाखों लोग रहते हैं। यह अलग बात है कि इसे 2011–12 के 1500 करोड़ से बढ़ाकर 2013–14 के लिए लगभग 2300 करोड़ रुपए कर दिया गया (वित्त मन्त्रालय 2014)।

नगरीय स्वच्छता

नगरीय क्षेत्रों की स्थिति ग्रामीण क्षेत्रों से बेहतर है फिर भी 2011 में एक तिहाई शहरी (नगरीय) घरों में नल का पानी नहीं पहुँचा था और 2001–2011 की अवधि में इस काम में दर्ज प्रगति मात्र 2 प्रतिशत थी। इसी प्रकार नगरीय जनसंख्या का 1–5 (पाँचवाँ)भाग किसी प्रकार की जल–मल निकासी सुविधा से नहीं जुड़ा था और इसी अनुपात में शहरी आबादी को शौचालय सुविधा उपलब्ध नहीं थी।

इसी तरह टेलीविजन– मोबाइल – टेलीफोन सुविधा से युक्त घरों का अनुपात भी ग्रामीण क्षेत्र से किसी भी तरह भिन्न नहीं था। पानी और स्वच्छता तक पहुँच के राज्य–स्तरीय अन्तर भी ग्रामीण क्षेत्रों के समान ही पाए गए। पंजाब, गुजरात, महाराष्ट्र, तमिलनाडु और केरल जैसे अपेक्षाकृत सम्पन्न राज्यों में इन तक पहुँच बिहार, झारखण्ड, छत्तीसगढ़, ओडिशा, मध्य प्रदेश और उत्तर प्रदेश जैसे निर्धन राज्यों की तुलना में कहीं अधिक थी। साथ ही बड़े नगरों की तुलना में छोटे और मंझोले नगरों में इन सुविधाओं की कमी साफ दिखी (भगत 2011)।

मलिन बस्तियाँ (झुग्गी–झोपड़पट्टी) शहरी क्षेत्रों में स्वच्छता की अस्वास्थ्यकर स्थिति को और दुरुह बना देती हैं तथा 2011 की जनगणना के अनुसार शहरी क्षेत्रों की कुल जनसंख्या का पाँचवाँ भाग मलिन बस्तियों में रहता है।

स्थानाभाव के कारण मलिन बस्तियों के हर घर में शौचालय सुविधा मुहैया करना सम्भव नहीं है अतः मुम्बई जैसे कुछ बड़े नगरों में सार्वजनिक शौचालय बनवाए गए। इन शौचालयों को चलाने में जलापूर्ति एक गम्भीर समस्या है। अतः सामाजिक संस्थाओं, गैर–सरकारी संगठनों, और शहरी स्थानीय निकायों द्वारा इन मलिन बस्तियों में जलापूर्ति के साथ शौचालय और सीवर सुविधाएँ उपलब्ध कराए जाने के लिए बहुत कुछ किया जाना है।

साथ ही नगरीय क्षेत्र के कुछ हिस्सों में कूड़ा–कचरा एकत्र करने की सुविधा का नहीं होना भी स्वच्छता को प्रभावित करता है। कई नगरों में कचरे को एकत्र करने के लिए कोई व्यवस्था है ही नहीं और कूड़ा खुले में गलियों, सड़कों पर फेंका जाता है (पटेल 2013)।

आवासीय परिसरों के बाहर स्कूलों, सार्वजनिक स्थलों और रेलवे स्टेशन पर स्वच्छता की स्थिति बहुत दयनीय है। हमारे अधिकांश रेलवे स्टेशनों पर बदबू आती है क्योंकि रेलवे ट्रैक पर ही लोग शौच कर देते हैं। रेल डिब्बों में परिष्कृत शौचालय ऐसे बनाए जाने की जरूरत है जिससे कि लोग खुले में मल त्याग न करें। ऐसा लगता है कि रेल प्रशासन ने कई दशक बीत जाने के बाद भी इस समस्या की गम्भीरता का संज्ञान अभी तक नहीं लिया है।

इस विचार–विमर्श से यह स्पष्ट है कि स्वच्छता उपलब्ध कराने के लिए जलापूर्ति अहम है। इसके बगैर शौचालय काम नहीं कर सकते। दूसरी ओर, पानी का अधिक प्रयोग करने से पानी की बर्बादी होती है क्योंकि उसकी अच्छी तरह निकासी का कोई इन्तजाम भी होना जरूरी है।

नगरीय क्षेत्रों के जिन भागों में निकासी के लिए नाले यदि हैं भी तो वे बन्द पड़े हैं क्योंकि लोग उन्हीं में कचरा फेंक देते हैं। इससे घरों से निकला हुआ गन्दा पानी एक स्थान पर जम जाता है और शहर के कई हिस्सों में

जलभराव की नौबत आ जाती है। गन्दे पानी और सीवर के पानी का उपचार और उसके पुनर्चक्रण को स्वच्छता नीति का एक भाग बनाना होगा। अतः शहरी क्षेत्रों में स्वछता अपेक्षाकृत बड़ा मुद्दा है और इस पर समग्र रूप से विचार किया जाना उपयोगी सिद्ध होगा।

शहरी क्षेत्रों में वर्ष 2001 एवं 2011 की जनगणना के अनुसार टेलीविजन और मोबाइल टेलीफोन की तुलना में शौचालय सुविधा वाले घरों का प्रतिशत–

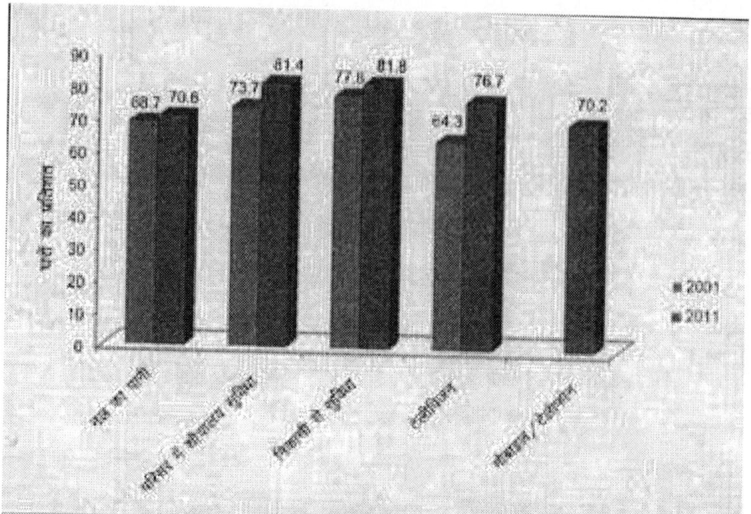

योजना परिदृश्य

शताब्दी विकास लक्ष्यों के अनुसार भारत को वर्ष 2015 तक अपनी शहरी जनसंख्या के आधे लोगों तक, तथा 2025 तक शत–प्रतिशत जनसंख्या तक सुधरी हुई सफाई व्यवस्था की पहुँच करवानी है।

इसे ध्यान में रखते हुए शहरी विकास मन्त्रालय ने 2008 में राष्ट्रीय स्वच्छता नीति बनाई थी। भारत में स्वच्छता राज्य का विषय है। केन्द्र सरकार

नीतियाँ बनाकर राज्यों को कोष उपलब्ध कराती है पर इन नीतियों का क्रियान्वयन राज्य सरकारों और स्थानीय निकायों की जिम्मेदारी है। राष्ट्रीय शहरी स्वच्छता नीति में राज्यों को विस्तृत राज्य स्तरीय शहरी स्वच्छता कार्यप्रणाली और नगरीय स्वच्छता योजना बनाने की सलाह दी थी।

पर्यावरणीय मुद्दे, लोक स्वास्थ्य प्रभाव तथा वंचित एवं निर्धन शहरी तक पहुँचना इस नीति के खास बिन्दु हैं। कोष का प्रबन्ध केन्द्र अथवा राज्य सरकार द्वारा प्रत्यक्ष सहायता अथवा लोक–निजी भागीदारी के माध्यम से किया जा सकता है। केन्द्रीय स्तर पर शहरी स्वच्छता को जवाहरलाल नेहरू राष्ट्रीय शहरी नवीकरण मिशन (जेएनयूआरएम) से धन दिया जाता है।

राष्ट्रीय शहरी स्वच्छता नीति के अन्तर्गत शहरी निर्धन एक बड़ी चिन्ता का विषय है। वस्तुतः ऐसी मलिन बस्तियों पर ध्यान दिया जाना चाहिए जहाँ सर्वाधिक शहरी निर्धन रहते हैं। योजना आयोग ने सलाह दी थी कि मलिन बस्तियों में मूलभूत सुविधाओं के प्रावधान को उनके न्यायिक स्तर पर निर्भरता से जोड़कर नहीं देखा जाना चाहिए (योजना आयोग 2013)।

यह एक सही कदम है और सम्मान के साथ जीवित रहने के लिए मूलभूत सुविधाओं का होना प्रत्येक नागरिक का अधिकार है और शासन को इसे सुनिश्चित करना चाहिए।

शौचालय सुविधा का अभाव बच्चों बूढ़ों और महिलाओं को अधिक प्रभावित करता है। यह महिलाओं के लिए अधिक कष्टकारी होता है क्योंकि वे पुरूषों के समान दिन में खुले में शौच के लिए नहीं जा सकती हैं और उन्हें इसके लिए अन्धेरा होने (रात) तक प्रतीक्षा करनी पड़ती है।

इससे नगरीय और ग्रामीण दोनों क्षेत्रों में समान रूप से महिलाओं के स्वास्थ्य पर बुरा प्रभाव पड़ता है। साथ ही जनगणना के आँकड़ों से यह भी सामने आता है कि अनुसूचित जाति और अनुसूचित जनजाति वर्ग के अधिकतर घर पानी और स्वच्छता सुविधाओं से वंचित हैं। ग्रामीण क्षेत्र तो विशेषकर शहरी इलाकों की तुलना में जलापूर्ति और स्वच्छता सुविधाओं से वंचित है। और शहरी क्षेत्रों में छोटे और मझोले नगर बड़े शहरों की तुलना में

अधिक वंचित हैं। अतः स्वच्छता तक पहुँच हमारे देश की सामाजिक–आर्थिक सम्पन्नता के स्तर के अनुरूप ही है जैसाकि समाजशास्त्री बताते हैं कि पवित्रता और प्रदूषण हमारे देश की उस जाति व्यवस्था के मूल निर्माता सिद्धान्त हैं जिसमें उसके सदस्यों को उनके जन्म के आधार पर शामिल किया जाता है।

जाति आधारित समाज में सफाई का अधिकतर बोझ अनिसूचित जाति के ऊपर आ जाता है। 2013 में केन्द्र सरकार ने मेहतर प्रथा पर प्रतिबन्ध लगा दिया है और यदि कोई भी व्यक्ति शौच सफाई के लिए मेहतर रखता है तो उसे न्यायालय से पाँच-वर्ष तक का कारावास दिया जा सकता है।

हमारे सामाजिक स्थानों के जैसे ही भौतिक स्थान भी पवित्रता और प्रदूषण के मानकों (सिद्धान्तों) के आधार पर प्रयोग किए जाते हैं। उदाहरण के लिए कई घरों में पूजागृह को सर्वाधिक पवित्र माना जाता है और जिसे हर हालत में साफ रखा जाता है।

रसोई और बाकी घर का स्थान इसके बाद आता है। लेकिन घर के बाहर के परिवेश के लिए ऐसी कोई बाध्यता नहीं होती। घर के बाहर के क्षेत्र पर बहुत कम ध्यान दिया जाता है और जहाँ मनमर्जी से घर का कूड़ा–कचरा फेंका जा सकता है जिससे वह हमेशा ही प्रदूषित बना रहता है।

महात्मा गांधी के जन्म दिवस पर वर्तमान केन्द्र सरकार द्वारा शुरू किया गया स्वच्छ भारत अभियान अथवा स्वच्छता आन्दोलन एक अच्छा और सराहनीय प्रयास है। लेकिन सड़कों और सरकारी कार्यालयों को साफ करके ही बात नहीं बनेगी क्योंकि यह बड़ी संख्या में उन ग्रामीण और शहरी लोगों की पात्रताओं और अधिकारों का भी विषय है जो अभी तक स्वच्छ सुरक्षित पानी, शौचालय और जल निकासी सुविधाओं जैसी मूलभूत आवश्यकताओं से वंचित हैं।

सिटीजंस चार्टर का बनाया जाना और मूलभूत सेवाओं का मिलना सुनिश्चित किया जाना जरूरी है और इसे सुशासन का अभिन्न अंग बनाया जाना चाहिए। साथ ही कूड़े–कचरे को फिर से उपयोग में लाने की योजना

भी जरूरी है। इससे बड़ी संख्या में रोजगार पैदा करने में सहायता मिलेगी और हमारे शहर और कस्बे रहने योग्य बनेंगे।

इस तरह स्वच्छता जल प्रबन्ध का भी एक विषय है जिसमें सीवर–सफाई और जल के पुनर्चक्रण द्वारा जल स्रोतों की सफाई और उसका औद्योगिक एवं कृषि उपयोग का काम भी हो सकेगा। इसके लिए न केवल एक समेकित योजना बल्कि बहुत अधिक धनराशि की जरूरत पड़ेगी।

स्वच्छ भारत अभियान पर जागरूकता को आगे बढ़ाने के लिए सरकार को देश में हर शहर और गाँव के लिए समेकित योजना बनानी पड़ेगी।

तथापि यह ध्यान में रखने की आवश्यकता है कि स्वच्छता स्थानीय मुद्दा है और इसके लिए 'टॉप डाउन' प्रणाली उपयुक्त नहीं होगी। इसके लिए ग्रामीण और शहरी क्षेत्र के स्थानीय प्रशासन को जवाबदेह बनाना होगा और उन्हें पर्याप्त अधिकार, संसाधन और स्वच्छता नीति से लैस करना होगा। स्वच्छता नीति उचित, समग्र और उपयोगी होनी चाहिए।

हाशिए पर पड़े लोगों और अल्पसंख्यकों जैसी अनुसूचित जाति, अनुसूचित जनजाति और मुस्लिम बस्तियों से जुड़े मामलों को प्रत्यक्ष अथवा अप्रत्यक्ष रूप से इस नीति से बाहर नहीं करना चाहिए। पूर्वाग्रहों, तनावों और कुछ शहरों में कभी–कभी हो जाने वाली दंगो के कारण अल्पसंख्यक जनसंख्या वाली बस्तियों के लोगों की उपेक्षा हो सकती है और स्वच्छता सुविधा दिए जाने पर उनके प्रति भेदभाव भी हो सकता है।

फिर भी इस बात पर जोर दिया जाना चाहिए कि स्वच्छता सुविधाओं के अभाव के कारण सामने आने वाले स्वास्थ्य सम्बन्धी खतरे ऐसे किसी एक क्षेत्र तक सीमित नहीं रहते बल्कि उससे बाहर भी जा सकते हैं। हम सभी एक–दूसरे से जुड़े और परस्पर निर्भर स्थानों में रहते हैं। इसलिए सरकार, सिविल सोसाइटी और समाज के विभिन्न वर्गों को स्वच्छ भारत अभियान का लक्ष्य पाने के लिए मिल–जुलकर कार्य करना चाहिए।

11

स्वच्छता संबंधी सरकारी प्रयत्न

प्रधानमंत्री नरेन्द्र मोदी ने 2 अक्टूबर 2014 महात्मा गांधी की जयंती पर अपने ड्रीम प्रोजेक्ट 'स्वच्छ भारत अभियान' की शुरुआत की। स्वच्छ भारत अभियान या 'क्लीन इंडिया कैंपेन' देश का सबसे बड़ा स्वच्छता अभियान है।

प्रधानमंत्री ने हर भारतीय से इस मिशन में शामिल होकर इसे सफल बनाने की अपील की है। विश्व बैंक ने 1,500,000,000 डॉलर का ऋण भारत स्वच्छता अभियान के लिए मंजूर किया है, इसके लिए ३० मार्च २०१६ को भारत सरकार और विश्व बैंक ने एक समझौता पत्र पर हस्ताक्षर किये।

इस अभियान को क्यों शुरु किया गया?

यह कहते हुए बड़ा दुख होता है कि देश में लोगों का खुले में शौच करना एक बड़ी समस्या है। भारत में 72 प्रतिशत से ज्यादा ग्रामीण लोग शौच के लिए झाड़ियों के पीछे, खेतों में या सड़क के किनारे जाते हैं। इससे अन्य कई समस्याएं उत्पन्न होती हैं, जैसे बच्चों की असमय मौत, संक्रमण और बीमारियों का फैलना और सबसे अहम सुनसान स्थान पर शौच के लिए गई युवतियों का बलात्कार।

भारत की आबादी 1.2 बिलियन है और उसमें से करीब 600 मिलियन लोग या 55 प्रतिशत के पास शौचालय नहीं है। उन ग्रामीण इलाकों में जहां

शौचालय है वहां भी पानी की उपलब्धता नहीं है। शहरों में झुग्गी में रहने वालों के पास ना तो पानी की आपूर्ति है ना शौचालय की सुविधा।

भारत के ग्रामीण क्षेत्रों में स्वच्छता संबंधी और खुले में शौच की इस गंभीर समस्या को ध्यान में रखकर यूपीए सरकार ने सन् 1999 में निर्मल भारत अभियान शुरु किया था। इस अभियान में सन् 2012 तक सार्वभौमिक घरेलू स्वच्छता का लक्ष्य स्थापित किया गया। यह सन् 1991 में शुरु किए गए टोटल सेनिटेशन कंपेन का अभिन्न हिस्सा था।

हालांकि निर्मल भारत अभियान अपने लक्ष्य को हासिल ना कर सका। निर्मल भारत अभियान को वर्तमान सरकार ने स्वच्छ भारत अभियान में बदलकर पेश किया है। इसका लक्ष्य भारत में खुले में शौच की समस्या को रोकना, हर घर में शौचालयों का निर्माण करना, पानी की आपूर्ति करना और ठोस और तरल कचरे का उचित तरीके से खात्मा करना है।

इस अभियान में सड़कों और फुटपाथों की सफाई, अनाधिकृत क्षेत्रों से अतिक्रमण हटाना शामिल हैं। इस सबके अलावा इस अभियान में लोगों को स्वच्छता के प्रति जागरुक करना भी शामिल है।

यह कब पूरा होगा?

भारत सरकार ने राजनीतिक दलों, गैर सरकारी संगठनों, निगमों और सक्रिय लोगों की भागीदारी से स्वच्छ भारत अभियान को सन् 2019 तक पूरा करने का लक्ष्य रखा है। महात्मा गांधी ने हमेशा स्वच्छता पर बहुत जोर दिया। उनका कहना था कि स्वच्छता स्वतंत्रता से ज्यादा जरुरी है। वह भारत को स्वच्छ भारत के तौर पर देखना चाहते थे।

वह ग्रामीण लोगों की दयनीय हालत से पूरी तरह वाकिफ थे। भारत की आजादी को 67 साल हो गए पर अब भी देश की आधी से ज्यादा आबादी के पास उचित शौचालय नहीं है। इस तथ्य को ध्यान में रखकर भारत सरकार महात्मा गांधी के इस सपने को पूरा करना चाहती है और देश को सन् 2019 तक साफ करना चाहती है। सन् 2019 में महात्मा गांधी की 150वीं जयंती है।

सरकार के प्रयास

स्वच्छ भारत अभियान को सही तरीके से लागू करने के लिए 19 सदस्यीय विशेषज्ञ समिति बनाई गई है। इस समिति के अध्यक्ष वैज्ञानिक रघुनाथ अनंत माशेलकर हैं। माशेलकर वैज्ञानिक और औद्योगिक अनुसंधान परिषद के पूर्व महानिदेशक हैं।

समिति विभिन्न राज्यों में स्वच्छता और पानी की सुविधा देने के सबसे श्रेष्ठ और आधुनिक तरीकों पर सुझाव देगी। यह सुझाव सस्ते, टिकाउ और उपयोगी होंगे। 2 अक्टूबर 2014 को जब पीएम ने यह अभियान शुरु किया तब उनके साथ पार्टी अधिकारी, बॉलीवुड कलाकार आमिर खान, हजारों सरकारी कर्मचारी, स्कूल और कॉलेज के छात्र थे।

प्रधानमंत्री को उनके कैबिनेट मंत्रियों का भी भरपूर सहयोग मिला। इसे जनआंदोलन बनाने के लिए उन्होंने नौ लोगों को सफाई की चुनौती लेने के लिए नामांकित किया, जिनमें प्रियंका चोपड़ा, शशि थरूर, सचिन तेंदुलकर और अनिल अंबानी शामिल हैं। इन नौ लोगों को और नौ लोगों को यह चुनौती देनी होगी। इस प्रकार इससे लोग जुड़ते जाएंगे। इन लोगों ने इस चुनौती को स्वीकार किया है और अन्य लोगों से जुड़ने की अपील की है।

इस मुहिम में कुछ राज्यों ने भी भाग लिया है और कई अन्य कार्यक्रम और योजनाएं इस अभियान को सफल बनाने के लिए तैयार की जा रही हैं।

परियोजना का क्रियान्वयन

स्वच्छ भारत अभियान के दो उप अभियान हैं–

- स्वच्छ भारत अभियान ग्रामीण
- स्वच्छ भारत अभियान शहरी

इन दो उप अभियानों के लिए पेयजल और स्वच्छता और ग्रामीण विकास के मंत्रालय ग्रामीण इलाकों में इसकी जिम्मेदारी लेंगे और शहरी विकास मंत्रालय शहरों में इस मिशन की देखभाल करेगा।

स्वच्छ भारत अभियान के तहत ग्रामीण इलाकों में ग्रामीण विकास मंत्रालय हर गांव को अगले पांच सालों तक हर साल 20 लाख रुपये देगा। इस अभियान के तहत सरकार ने हर परिवार में व्यक्तिगत शौचालय की लागत 12,000 रुपये तय की है ताकि सफाई, नहाने और कपड़े धोने के लिए पर्याप्त पानी की आपूर्ति की जा सके। अनुमान के मुताबिक पेयजल और स्वच्छता मंत्रालय द्वारा इस अभियान पर 1,34,000 करोड़ रुपये खर्च किये जाएंगे।

स्वच्छ भारत अभियान के लिए शहरी क्षेत्र में हर घर में शौचालय बनाने, सामुदायिक और सार्वजनिक शौचालय बनाने, ठोस कचरे का उचित प्रबंधन करने और 4,041 वैधानिक कस्बों के 1.04 करोड़ घरों को इसमें शामिल करने का लक्ष्य है।

इसमें सार्वजनिक शौचालय की दो लाख से ज्यादा सीट, सामुदायिक शौचालय की दो लाख से ज्यादा सीट मुहैया कराने और हर कस्बे में ठोस कचरे का उचित प्रबंधन करना शामिल है।

वह कुछ क्षेत्र जिनमें घरेलू शौचालय बनाने में समस्या है वहां सामुदायिक शौचालय बनाए जाएंगे। आम स्थानों जैसे बाजार, बस अड्डे, रेलवे स्टेशन के पास, पर्यटक स्थलों पर और सार्वजनिक मनोरंजन स्थलों पर सार्वजनिक शौचालय की सुविधा दी जाएगी।

शहरी विकास मंत्रालय ने इस मिशन के लिए 62,000 करोड़ रुपये आवंटित किये हैं।

पूरी परियोजना की अनुमानित लागत 1,96,009 करोड़ रुपये है। इस राशि से देश में 12 करोड़ शौचालय बनाए जाएंगे। ग्रामीण और शहरी विकास मंत्रालयों ने धार्मिक गुरुओं और समूहों जैसे श्री श्री रविशंकर और गायत्री परिवार से स्वच्छ भारत अभियान में शामिल होने का अनुरोध किया है।

स्वच्छ भारत अभियान के प्रमुख मुद्दे

केंद्रीय प्रदूषण नियंत्रण बोर्ड के अनुसार शहरी भारत में हर साल 47 मिलियन टन ठोस कचरा उत्पन्न होता है। इसके अलावा यह भी बताया गया

है कि 75 प्रतिशत से ज़्यादा सीवेज का निपटारा नहीं होता है। ठोस कचरे की रिसाइकलिंग भी एक बड़ी समस्या है। भविष्य में बड़ी समस्या से बचने के लिए इन मुद्दों का निपटारा आज किया जाना जरुरी है। ग्रामीण भारत में साफ सफाई की कमी एक बड़ी चुनौती है।

एक अन्य बड़ी चुनौती लोगों की सोच बदलना है। हमारे देश के लोग सड़क पर कचरा ना फेंकना कब सीखेंगे? या लोग खुद को और अपने इलाके को साफ रखना कब सीखेंगे?

स्वच्छता की कमी की समस्या इतनी विकराल है कि सन् 2019 तक का प्रधानमंत्री का लक्ष्य पूरा हो पाएगा इसका आश्चर्य होता है ?

विवाद

प्रधानमंत्री के स्वच्छ भारत अभियान को देश और विदेशों में सराहा गया है पर इससे कुछ विवाद भी जुड़े हैं। इससे मिलते जुलते अभियान पहले भी शुरु किए गए पर वह सफल नहीं हुए, जैसे उदाहरण के तौर पर निर्मल भारत अभियान। विवाद इसलिए भी उठा क्योंकि स्वच्छ भारत अभियान यूपीए के निर्मल भारत अभियान जैसा ही है। उस समय भी बहुत धन उसमें लगाया गया था। उससे क्या हासिल हुआ? वह सारा पैसा कहां गया?

सच तो यह है कि ऐसे अभियान पर विवाद पैदा नहीं होने चाहिये। इसीलिए प्रधानमंत्री नरेन्द्र मोदी ने स्वच्छ भारत अभियान को राजनीति से परे और देशभक्ति से प्रेरित बताया था।

निष्कर्ष

सिर्फ अभियान शुरु करना ही काफी नहीं है, परिणाम मायने रखता है। सिर्फ सरकार इसे सफल नहीं बना सकती, लोगों की भागीदारी सबसे जरुरी है।

इस कार्यक्रम के लिए विस्तृत ब्लू प्रिंट बनाना जरुरी है। समग्र तरीके से स्वच्छ भारत अभियान को लागू करने, सरकार और लोगों के प्रयासों से आने वाले सालों में भारत अवश्य एक स्वच्छ देश बन सकता है।

स्वच्छ भारत अभियान : तथ्य और आंकड़े

परियोजना की लागत : 1,96,009 करोड़ रुपये

परियोजना शुरु होने की तारीख : 2 अक्टूबर 2014

परियोजना खत्म होने की तारीख : 2 अक्टूबर 2019

परियोजना में शामिल मंत्रालय– शहरी विकास मंत्रालय, ग्रामीण विकास मंत्रालय, पेयजल और स्वच्छता मंत्रालय, राज्य सरकार, गैर सरकारी संगठन, सार्वजनिक क्षेत्र के उपक्रम, निगम आदि।

परियोजना का लक्ष्य– भारत को पांच सालों में गंदगी से मुक्त देश बनाना। ग्रामीण और शहरी इलाकों में सामुदायिक और सार्वजनिक शौचालय बनाना और पानी की आपूर्ति करना। सड़कें, फुटपाथ और बस्तियां साफ रखना और अपशिष्ट जल को स्वच्छ करना।

12

स्वच्छता कार्यक्रम

समुदाय संचालित सम्पूर्ण स्वच्छता विधि

भारतीय ग्रामीण परिवेश में खुले में शौच की प्रथा को सामाजिक मान्यता सदियों से प्राप्त है। इस पीढ़ियों कुप्रथा को तोड़ने की आवश्यकता है, खुले में शौच की जो आदत सहज ही बन गई है उसे बदलने की आवश्यकता है, व्यवहार में परिवर्तन लाने की आवश्यकता है ताकि खुले में जहाँ–तहाँ बिखरा मानव मल, जो कई बीमारियों को तो पैदा कर ही रहा है, साथ ही साथ हमारी मर्यादा पर भी एक बड़ा प्रश्नचिन्ह लगाता है, जिससे मुक्ति पा सकें और स्वस्थ रहते हुए आत्म गरिमा के साथ सारी दुनिया का सामना कर सक।

खुले में किये जा रहे मानव मल से मुक्ति पाने और इस पुरानी आदत को बदलने के लिए एक विधि का इस्तेमाल किया जा रहा है जिसकी अवधारणा का विकास श्री कमल कार द्वारा किया गया है जो सहभागी ग्रामीण अध्ययन विधि पर आधारित है। इस विधि को समुदाय संचालित सम्पूर्ण स्वच्छता कहा गया।

विधि के द्वारा समुदाय से उनके ही स्वच्छता सम्बन्धी व्यवहार का आत्म विश्लेषण करवाया जाता है, एवं उनमें अन्तः प्रेरणा की आग पैदा की जाती है जिससे समुदाय अपनी इस खुले में शौच की आदत का स्वयं विश्लेषण कर सके, इसके दुष्परिणामों का आकलन कर सके और ये सिर्फ व्यक्तिगत

व्यवहार परिवर्तन का प्रश्न ना होकर सामाजिक व्यवहार परिवर्तन का मुद्दा बन सकें। साथ ही यह समाज के हर तबके की आदत को बदलने के लिए एक सोच, एक विचार को जन्म दे सकें।

स्वच्छता की वास्तविक स्थिति का सजीव चित्रण ग्रामीण समुदाय के बीच किया जाता है, जिससे समुदाय खुले में शौच की आदत के कारण स्वयं घृणा और शर्म का एहसास करता है और अस्वच्छता के कारण समूचे समुदाय समाज पर पड़ने वाले दुष्परिणामों की विस्तृत चर्चा होती है। इससे समुदाय अपनी स्थिति को भांप कर एवं इसकी भयावह को समझते हुए व्यवहार परिवर्तन के लिए विहार कर एक मत से निर्णय लेकर सुधार एवं परिवर्तन के लिए संकल्पबद्ध होकर प्रयास करता है।

Clts की सम्पूर्ण प्रक्रिया को सुव्यवस्थित ढंग से किये जाने के लिए कुछ त्रिकोण या टूल्स का प्रयोग किया जाता है। ये ट्रिगर टूल्स यानी उत्प्रेरण के तरीके समुदाय की परिस्थितियों एवं वातावरण पर निर्भर करते हैं। इस पूरी प्रक्रिया को ट्रिगरिंग कहा जाता है। ये शब्द बंदूक के ट्रिगर से बना है। इस ट्रिगर में किसी जान नहीं जाती परन्तु इस पूरी ट्रिगरिंग में समुदाय की आत्मा को झकझोरने का प्रयास होता है जिससे समुदाय एक होक अस्वच्छता खुले में शौच के रूप में पसरे मल्लासुर या मानव बम (खुले में बिखरे मानव मल से उत्पन्न राक्षस) को खत्म कर स्वास्थ्य जीवन यापन करते हुए समृद्धि की ओर कदम बढ़ा सकें।

Clts टूल्स के माध्यम से चिंतनीय विचारणीय छोटे–छोटे प्रश्नों को समुदाय के बीच छोड़ा जाता है जिस पर विचार एवं चिंतन करते हुए समुदाय स्वच्छता के प्रति व्यवहार परिवर्तन लाने के लिए संकल्पबद्ध हो सामूहिक प्रयास करता है।

Clts विधि में आमतौर पर प्रयोग में लाये जाने वाले उत्प्रेरण के तरीके या ट्रिगर टूल्स का उपयोग करने का कोई निश्चित क्रम नहीं होता। सामान्यतः सहजकर्ता उत्प्रेरक समुदाय के साथ सहज होने के बाद जमीनी परिस्थितियों के अनुसार ही ट्रिंगरिंग प्रक्रिया को आगे बढ़ाते हैं। ट्रिंगरिंग टूल्स इस प्रकार है–

- सम्बन्ध निर्माण
- मल क्षेत्र भ्रमण
- स्वच्छता की स्थिति का सामुदायिक मानचित्रण
- मल गणना
- खुले में फैले मल का मुँह तक पहुँचने का मार्ग
- प्रवाह चित्र
- चिकित्सीय खर्चों की गणना
- मर्यादा की रक्षा
- खाना पाखाना प्रदर्शन

इन ट्रिंगरिंग टूल्स के बारे में विस्तृत वर्णन अगले अध्यायों में प्रस्तुत है–

सम्बन्ध निर्माण

उद्देश्य– इसका मुख्य उद्देश्य समुदाय के बीच पारस्परिक विश्वास एवं सह–समझ को विकसित करना होगा हैः–

कैसे किया जाये– सर्वप्रथम समुदाय का अभिवादन करते हैं एवं उनका अभिवादन सहज स्वीकार करते हैं। सहजकर्ता उत्प्रेरक स्वयं का परिचय देते हुए समुदाय के बीच उपस्थित होने का उद्देश्य स्पष्ट करता है। सहजकर्ता चर्चा को रोचक बनाते हुए समुदाय को स्पष्ट करें कि वे कुछ देने नहीं आये हैं। साथ ही समुदाय से उनका प्रक्रिया हेतु समय मांग लिया जाये। चर्चा को इस बिंदु पर लाया जाये कि वे पूर्ण सहमति के साथ सहजकर्ता को ग्राम और ग्रामीण जीवन के बारे में निःसंकोच समस्त जानकारी देने लगें।

कब किया जाये – इस गतिविधि को समुदाय से भेंट करते समय करना ही चाहिए। यह सब करने से सहजकर्ता समुदाय का विश्वास जीत लेते हैं एवं समुदाय का पूर्ण सहयोग प्राप्त होता है।

सम्बन्ध निर्माण के समय रखी जाने वाली सावधानियाँ–

- सहजकर्ता स्वयं का परिचय देना एवं यह स्पष्ट करना ना भूलें कि ग्राम में समुदाय के बीच क्यों आये हैं
- सहजकर्ता परिचय सत्र को आवश्यकता से अधिक ना खीचें।
- सहजकर्ता समुदाय के बीच अपनी भूमिका को समझें। वे समुदाय को शिक्षा देने या पाठ पढ़ाने से बचें।
- सहजकर्ता धैर्य के साथ लोगों के बीच प्रश्न रखें एवं उनकी सुनें।

मल क्षेत्र भ्रमण

उद्देश्य– समुदाय की स्वच्छता की स्थिति एवं व्यवहार को समझने के लिए ग्राम का भ्रमण कर ग्राम में खुले में शौच का स्थान विशेष तौर पर देखा जाता है। इस टूल्स का मुख्य उद्देश्य समुदाय की नजरों से उनके गाँव को देखना व समझना है। भ्रमण के दौरान समुदाय के बीच स्वच्छता के सम्बन्ध में प्रश्न रखे जाते हैं।

कैसे किया जाऐ– सहजकर्ता यात्रा में जिज्ञासु स्वाभाव बनाकर इस यात्रा के दौरान समुदाय के साथ उनके मुख्य स्थानों पर भ्रमण कर उनके बीच विश्वास को मजबूत करते हैं। इस यात्रा में ही समुदाय की बहुत सारी समस्याओं की भी जानकारी मिल जाती है जो उनके आत्म विश्लेषण में मददगार सिद्ध होती है।

समुदाय के साथ क्षेत्र भ्रमण करते हुए गाँव के गंदगी वाले स्थान से गुजरे तब में पड़े मानव मल को देखकर रुक जाएँ और समुदाय से कुछ इस प्रकार से प्रश्न करें–

- ये क्या है?
- इसे किस–किस नाम से जाना जाता है?
- आपके क्षेत्र में इसका प्रचलित नाम क्या है?
- ये टट्टी गूमल किसका है?

- आपके ग्राम के पुरुष, महिलाएं और बच्चे हगने कहाँ–कहाँ जाते हैं?
- क्या ये वही मक्खियाँ हैं जो आपके घर में भी उड़ती रहती है या फिर कुछ अलग हैं?
- ये मक्खियाँ और कहाँ–कहाँ बैठती हैं?
- मक्खियाँ आपके खाने पर बैठती हैं तो क्या वो खाना आप फेंक देते हैं फिर मक्खियों को उड़ाने के बाद खा लिया जाता है?
- आपके खाने पर मक्खियों के पैरों द्वारा क्या चिपक कर आया और आपके खाने पर छुट गया?

आपके खाने के साथ क्या खा लिया?

इस दौरान पानी को एक पारदर्शी गिलास में लेकर पहले सहजकर्ता स्वयं पीये एवं उसके बाद साथ खड़े लोगों को भी पिलाएँ तथा पानी के रंग और स्वाद के बारे में पूछें। फिर एक बाल के साथ मक्खी के एक पैर की तुलना करते हुए उस बाल को टट्टी में लगाकर पानी में घोल कर पुनः सहजकर्ता समुदाय से पूछें कि अब वे इस पानी को पी सकते है? यदि नहीं तो क्यों? जब आँखों से देखा हुआ नहीं पीया जाता तो क्या ये सिलसिला अब भी जारी रहेगा?

कब किया जाए– समुदाय जब सहजकर्ता को चर्चा के लिए पर्याप्त समय देने को तैयार हो। जब समुदाय अपने गाँव को घुमाने के लिए सहर्ष तैयार हो, मौसम, गाँव भ्रमण के लिए अनुकूल हो।

क्षेत्र भ्रमण दौरान रखी जाने वाली सावधानियाँ–

- सहजकर्ता जिज्ञासा के साथ भ्रमण करें और स्वच्छ्ता की स्थिति का ध्यानपूर्वक अवलोकन करें।
- सहजकर्ता यात्रा में धीरे–धीरे चलें।
- भीड़ में चल रही चर्चा को ध्यान से सुनें।

- खुले में शौच वाले स्थान पर जाते हुए और वहां जाकर सहज व्यवहार करें मल को देखकर मुँह–नाक ना बनायें।
- खुले में शौच की जगह में अधिक से अधिक देर रुके, प्रश्न वहीं पूछते रहें और समुदाय को उनकी ही टट्टी की बदबू में साँस लेने दें। इससे उनके मन में घृणा और शर्म उपजेंगे।
- सहजकर्ता सदा ध्यान रखें कि इस गतिविधि का उद्देश्य किसी को अपमानित करना नहीं है, बल्कि स्वच्छता की स्थितियों के प्रति समुदाय में घृणा और शर्म की भावना पैदा करना है।
- सहजकर्ता किसी भी स्थिति में समुदाय पर किसी भी प्रकार की निर्णयात्मक टिप्पणी करने से बचें एवं उन्हें निर्णय लेने के लिए प्रेरित करें।
- भ्रमण के दौरान समुदाय द्वारा किये गए अच्छे सकारात्मक कार्यों को देखें और उनका मनोबल बढ़ाऐं।
- पानी के गिलास वाली गतिविधि को करते समय सहजकर्ता ये ध्यान रखें कि जब पानी में टट्टी में चिपका बाल पानी में डूबा दिया गया हो उसके बाद किसी भी स्थिति में पानी पीने के लिए ना तो किसी को मजबूर करें और ना ही गिलास किसी के हाथ में दिया जाऐ।

स्वच्छता की स्थिति का सामुदायिक मानचित्रण

उद्देश्य– इस गतिविधि का मुख्य उद्देश्य गाँव की स्वच्छ्ता स्थिति के सम्बन्ध में समुदाय को आत्म विश्लेषण करने को प्रेरित करना है।

कैसे किया जाऐ– गाँव के बीच के खुले मैदान में समुदाय के सदस्यों द्वारा ही गाँव का नक्शा बनाया जाता है। सहजकर्ता प्रश्न करते जाते हैं और सदस्यगण नक्शे में गाँव की मुख्य सड़कों एवं गाँव में उपलब्ध समस्त संसाधनों के साथ–साथ गाँव की बसाहट को भी नक्शे पर विभिन्न रंग की रंगोली या सहज उपलब्ध साधनों से उतारते जाते हैं। जब नक्शा पूरा बन

जाता है तब सहजकर्ता समुदाय के मध्य सवाल रखते हैं कि आप का गाँव, आपको कैसा दिखाई दे रहा है? समुदाय से इस सवाल के सकारात्मक उत्तर मिलते हैं। सहजकर्ता भी सभी का उत्साहवर्धन करते हैं।

इस के पश्चात पुनः सहजकर्ता समुदाय से दूसरा सवाल करते हैं कि इस गाँव के लोग शौच करने के लिए कहाँ जाते हैं? समुदाय के सदस्यों को प्रेरित कर खुले में शौच के स्थान पर पीले रंग की रंगोली रखी जाती है।

सहजकर्ता खुले में शौच के सभी स्थानों को जानने के लिए तरह–तरह से प्रश्न रखते हैं जैसे बरसात के मौसम में कहाँ जाते हैं? रात के समय कहाँ जाते हैं? दिन में कहाँ जाते हैं?

बच्चों को कहाँ ले जाते हैं? शिशुओं के मल को कहाँ फेका जाता है? बुजुर्ग लोग कहाँ जाते हैं? देखते ही देखते गाँव के नक्शे पर मानव मल रूपी पीला रंग छा जाता है– गाँव के आस–पास, घरों के पास, पेयजल स्रोतों के पास सभी जगहों पर। सहजकर्ता पुनः अपना प्रश्न दोहराता है कि आपका गाँव आप को कैसा दिखाई दे रहा है? इस समय जवाब में मौन छा जाता है और चिंतन की प्रक्रिया प्रारंभ होती है।

स्वच्छता की स्थिति का सामुदायिक मानचित्रण करवाते समय रखी जाने वाली सावधानियाँ–

- मानचित्रण के लिए खुले एवं बड़े स्थान चयन करें जिससे लोग भाग ले सकें।
- मानचित्रण में स्थानीय सामग्री का प्रयोग करने के लिए प्रेरित करें।
- मानचित्रण बनाते समय सभी लोग भाग लेने के लिए प्रेरित करें।
- सहजकर्ता स्वयं ही मानचित्र ना बनाऐ।

सहजकर्ता मानचित्रण के दौरान ऐसे प्रश्नों को समुदाय के समक्ष रखें जिनसे वे अपनी स्वच्छता स्थिति को देख सकें। उदाहरण के लिए सबसे गंदा क्षेत्र कौन सा है? क्या इस खुले में बिखरे मल से आप लोग बचकर निकल

पाते हैं? क्या ये मल आप लोगों के पास वापस नहीं लौटता? क्या आप के गाँव की यही स्थिति बनी रहेगी या आप इस को बदलना चाहेंगे?

मानचित्र को कागज पर बना लें एवं उसे सार्वजनिक स्थान पर प्रदर्शित करने का प्रयास करें। इसे गाँव में खुले में शौच मुक्त स्थिति की प्रगति को देखने के लिए निगरानी टूल्स के रूप में उपयोग किया जा सकता है।

मल गणना

उद्देश्य– इस गणना से गाँव में खुले मल के उत्पादन की मात्रा आसानी से प्राप्त की जा सकती है जिससे समुदाय के सदस्यों को खुले में शौच की भयावह स्थिति को समझने में मदद होती है।

कैसे किया जाऐ– समुदाय के सदस्यों से पूछा जाए कि आपको गाँव के कितने लोग हर रोज खुले में मल त्यागते हैं? एक व्यक्ति एक दिन में कितना त्यागता होगा? (अंदाज से) उदाहरण के लिए यदि एक व्यक्ति एक दिन में 400 ग्रा. मल त्यागे और पूरे गाँव से 500 व्यक्ति बाहर खुले में शौच को जाते हैं। तो इस गाँव में हर रोज खुले में 400 500 = 200000 ग्राम खुला मल यानि 200 किलो खुला मल यानि 2 क्विंटल खुला मल हर रोज यहाँ बिखरता है। यदि एक दिन में 2 क्विंटल हिसाब हो कि एक सप्ताह में कितना? एक माह में कितना? एक साल में कितना?

सहजकर्ता ये हिसाब–किताब समुदाय के सदस्यों के द्वारा ही होने हो, फिर सवाल करें कि बताएं कि इतने मल का ढेर कितना बड़ा होगा? पर ये कहीं भी दिखाई नहीं देता? तो आखिर ये सारा खुला मल कहाँ जा रहा है? क्या ये मल वापस हम तक लौट कर आ रहा है? यदि हाँ, तो कैसे? क्या ये मिट्टी में मिलकर हम तक आता है? क्या ये पानी में मिल जाता है।

क्या ये मक्खियों से हम तक आता है? क्या ये जानवरों के पैरों से, गाड़ी के पहियों से हम तक आता है? क्या गू या टट्टी हमारे मुँह में जाता है? क्या आप लोग गू खाने वाले प्राणी हैं? क्या ये गू खाने का सिलसिला जारी रखना चाहते हैं कि बंद करना चाहते हैं? निर्णय आपका है।

कब किया जाऐ– जब समुदाय के सदस्य खुले में बिखरे शौच की भयावहता नहीं महसूस कर पा रहे हों, उस समय इस गणना को करवाया जाना कारगर सिद्ध होता है।

मल गणना करते समय रखी जाने वाली सावधानियाँ–

- सहजकर्ता सारे हिसाब–किताब समुदाय के सदस्यों से ही कराएँ, स्वयं ना करें।
- इतनी बड़ी मात्रा का समुदाय अनुभव कर सके उसके लिए सहजकर्ता ऐसी वस्तुओं से इस मल के ढेर की तुलना करवाएं जिनके ढेर समुदाय देखते आ रहे हैं।

खुले में फैले मल का मुँह तक पहुँचने का मार्ग

उद्देश्य– उन कारणों एवं माध्यमों की पहचान करना जिनके द्वारा खुले में छोड़ा हुआ मल वापस समुदाय के भोजन एवं जल में पहुँचता है।

इस गतिविधि के द्वारा समुदाय आसानी से ये अनुभव कर पाटा है कि खुले छोड़ा गूटट्टी कैसे विभिन्न मार्गों से मुंह तक पहुँच जाता है।

कैसे किया जाऐ– मल गणना के पश्चात मल के ढेरों का कंही भी दिखाई ना देने वाले प्रश्न के साथ जोड़ते हुए पूछा जाए कि ये मल आखिर कहाँ जाता है? क्या पशुओं के पैरों में चिपककर वापस आ रहा है? क्या पानी में मिल कर वापस आ रहा है?

क्या मक्खियाँ इसे हमारे भोजन पर ला रही है? क्या ये हवा में घुल कर वापस आ रहा है? क्या मिट्टी में मिलकर वापस आ रहा है? क्या हमारे गाड़ियों के पहियों में चिपककर हम तक वापस आ रहा है?

क्या ये हमारे हाथों की उँगलियों में चिपककर हम तक वापस आ रहा है? तो ये सिलसिला जारी रखना चाहते हैं कि बंद करना चाहते हैं? निर्णय आपका है।

कब किया जाए– जब समुदाय के सदस्य मल के मुंह में पहुँचने वाली चर्चा से असहमत दिखें एवं उन्हें इसका एहसास मुश्किल हो रहा हो।

मल का मुख तक का मार्ग–प्रवाह चित्र करते समय रखी जाने वाली सावधानियां–

- सहजकर्ता कभी भी ये स्वयं ना कहें कि खुले में बिखरा मल आपके मुंह तक पहुँच रहा है।
- सहजकर्ता अनेक प्रश्न कर समुदाय को ये सोचने में मदद करें कि कैसे बाहर छोड़ा हुआ खुला मल दूर की भी यात्रा कर वापस मुख तक का मार्ग तय करता हैं।

चिकित्सीय खर्चों की गणना

उद्देश्य– बीमारियां जो गंदगी के कारण होती हैं। उनके इलाज पर होने वाले खर्च की गणना और ये एहसास कराना कि स्वच्छता कायम रखने से पैरों की बचत और सुख–समृद्धि का मार्ग खुलता है।

कैसे किया जाए– समुदाय से प्रश्न करें कि रोग कैसे फैलते हैं? कौन–कौन से रोग आमतौर पर गाँव में होते हैं? उनके इलाज पर कितना खर्च आता है? इलाज करने पर कहाँ–कहाँ खर्च होता है?

- एक बार डॉक्टर की फीस कितनी?
- दवाईयों और जाँच का एक बार में खर्चा कितना?
- इलाज के लिए जाने आने का खर्च कितना?
- बीमारी के दौरान खान–पान पर विशेष खर्च कितना?

सब जोड़कर एक आदमी के बीमार होने पर खर्च, इसी प्रकार पूरे परिवार पर एक एक वर्ष में बीमारियों पर होने वाला खर्च और फिर पूरे गाँव के परिवारों पर बीमारियों के मद में होने वाले खर्च की गणना करवाई जाती है। फिर पूछा जाता है कि क्या इस खर्च को बचत में बदला जा सकता है?

कब किया जाए– इस गतिविधि को तब करें जब समुदाय स्वच्छता और खुले में शौच से मुक्ति को आर्थिक प्रगति से जोड़कर नहीं सोच पा रहा हो।

चिकित्सीय खर्चों की गणना करते समय रखी जाने वाली सावधानियां–

- सहजकर्ता ये ध्यान रखें कि यहाँ स्वच्छता कैसे कायम रखी जाए, इस विषय पर समुदाय को शिक्षित करने का प्रयास ना करें।
- सबसे महत्वपूर्ण ये है कि समुदाय को घृणा, शर्म एवं अशुद्ध होने का एहसास हो।
- रोगों के बारे में समुदाय से ही पूछा जाए ना कि सहजकर्ता उनको रोगों की पोथी बताने लग जाए।

मर्यादा की रक्षा

उद्देश्य– शर्म और मर्यादा का एहसास होता है। खुले में शौच करने की मजबूरी के कारण महिलाओं के अपमानित होने का अनुभव कराया जाता है।

कैसे किया जाए– समुदाय से चर्चा के दौरान प्रश्न किया जाए कि आप को मान–सम्मान प्यारा है? यदि आपकी बेटी से कोई व्यक्ति छेड़खानी करें तो आप क्या करेंगे?

जब आप के घर की मर्यादा यानि आपकी बहु–बेटियां बाहर खुले में शौच के लिए जाती हैं तो क्या आप पूरे गाँव में पर्दा लगवा देते हैं? क्या पराया लोगों की गलत निगाहों आप के घर की, गाँव की बहन–बेटियों पर नहीं जाती होंगी?

क्या आप अपनी बहन–बेटियों को सुरक्षित जीवन दे पा रहे हैं? आपनी बहन–बेटियों को सुरक्षित जीवन देना किसका फर्ज है? क्या ये समुदाय इस स्थिति को बदलने के लिए तैयार है?

कब किया जाए– परिस्थिति को समझते हुए इस टूल्स का प्रयोग करना चाहिए।

- मर्यादा की रक्षा टूल का प्रयोग करते समय रखी जाने वाली सावधानियां
- महिलाओं की भावनाओं के प्रति संवेदनशील रहें।
- समुदाय को अपमानित करने जैसी कोई बात ना करें।
- नारी सशक्तिकरण के उपदेश देने से बचें।

13
ग्राम पंचायतों में स्वच्छता

शौचालयों का निर्माण एवं प्रयोग

ग्राम पंचायतों द्वारा स्वच्छता के लिए शौचालयों का निर्माण एवं प्रयोग सेनेटरी शौचालय का मुख्य प्रयोजन मल से इंसानों एवं जानवरों के संपर्क तथा पर्यावरण में अशोधित मल के फैलने पर रोक लगाना है। इस उद्देश्य को प्राप्त करने के लिए एक अच्छे सेनेटरी शौचालय को सुनिश्चित करना चाहिए।

- शौचालय का मल मिट्टी को प्रदूषित न करें।
- शौचालय का मल सतह जल या भूजल को प्रदूषित न करें।
- शौचालय का मल मक्खियों एवं जानवरों की पहुंच से दूर हो।

शौचालय यथासंभव साधारण होने चाहिए ताकि वे बीमारों, बुजुर्गों तथा शारीरिक अथवा मानसिक रूप से अक्षम लोगों के लिए उपयुक्त हों।

प्रत्येक शौचालय में दो मुख्य भाग होते हैं–

सुपर स्ट्रक्चर – जो मुख्य रूप से शौचालय का प्रयोग करने वाले की निजता की रक्षा करने के लिए होता है ।

सब स्ट्रक्चर – यह तकनीकी दृष्टि से महत्वपूर्ण है क्योंकि यह मानव अपशिष्ट के सुरक्षित निस्तारण या पुनः प्रयोग का प्रावधान करता है।

मिट्टी के प्रकार तथा जल स्तर के आधार पर विभिन्न प्रकार के शौचालयों की सिफारिश की गई है।

कम जल स्तर वाली मिट्टी भारत के अधिकांश भागों में पाई जाती है। ऐसी परिस्थिति में पिट शौचालय सबसे उपयुक्त किस्म का शौचालय है। साधारण एकल अपरिष्कृत पिट शौचालय से लेकर वातायित परिष्कृत पिट शौचालय एवं टविन पिट सिस्टम तक पिट शौचालय की विभिन्न डिजाइनें उपलब्ध हैं।

- पिट शौचालय के बुनियादी भाग इस प्रकार हैं
- सुराख के साथ उकडूं बैठने का प्लेटफार्म
- पैन
- पी ट्यूब
- उकडूं बैठने के सुराख से नीचे पिट (अधिकांश मामलों में एक कनेक्टिंग पाइप के साथ)

अन्य प्रकार के शौचालय निम्नलिखित हैं–

पोर फ्लश पिट शौचालय– इन्हें अधिक स्वच्छ माना जाता है परन्तु इसके लिए अधिक कुशल रखरखाव की जरूरत होती है, ये अधिक महंगे हैं तथा अधिक पानी की जरूरत होती है (प्रत्येक प्रयोग के लिए चार लीटर)।

ईको सैन शोचालय– इस प्रकार के पानी रहित शौचालय में मानव अपशिष्ट को वायुजीवी प्रक्रिया के माध्यम से उपयुक्त तापमान पर कुछ सामग्री मिलाकर पोषक "मानव खाद" में परिवर्तित किया जाता है। यह शौचालय अधिक महंगा है तथा इसके लिए अधिक रखरखाव की जरूरत होती है।

सेप्टिक टैंक शौचालय– यहाँ सेप्टिक टैंक किसी फ्लश शौचालय से मानव अपशिष्ट को ग्रहण करता है और कुछ शोधन के पश्चात उसे सीवर से जोड़ता है। इस शौचालय का रखरखाव काफी कठिन है।

बायो डाइजेस्टर शौचालय– इस प्रकार के पानी रहित शौचालय में मानव अपशिष्ट गैर वायुजीवी प्रक्रिया के माध्यम से बायो गैस में परिवर्तित हो जता है जिसमें मुख्य रूप से मिथेन एवं कार्बन डाईआक्सइड शामिल होती है।

इसका लाभ यह है कि इसमें अपेक्षाकृत कम स्थान की जरूरत होती है तथा लगभग न के बराबर पानी की जरूरत होती है।

हालांकि इसकी आरंभिक लागत अधिक होती है परन्तु कुछ समय में निवेश की भरपाई हो जाती है। यह एक प्रगतिशील प्रौद्योगिकी है तथा शीघ्र ही इसके सस्ते एवं सरल हो जाने की संभावना है।

लीच पिट शौचालय के निर्माण में बरती जाने वाली सावधानियाँ–

- दोनों पिटों को 4 फीट की गहराई तक खोदना चाहिए (3 फीट व्यापक) तथा इसके अलावा इनमें आसपास में दूरी 3 फीट होना चाहिए।
- जंक्शन बॉक्स से पिट तक पाइप की ढलान 2.5 प्रतिशत से 5 प्रतिशत होनी चाहिए। इसी तरह, शौचालय एवं जंक्शन के बीच पाइप की ढलान होनी चाहिए।
- पिट में कम से कम 30 प्रतिशत साइड सर्फेस तथा पिट की संपूर्ण पेदी में लीच पिट होने चाहिए जिसके माध्यम से गैस एवं द्रव बहकर मिट्टी में मिल जाऐ।
- साइड सर्फेस के ऊपर ईटों के बीच उपयुक्त स्थान ऐसा होना चाहिए कि यह मधुमक्खी के छत्ते जैसा दिखें।
- जब ईटों के स्थान पर सीमेंट की विंग का प्रयोग किया जाऐ, तो लीच पिट के लिए कुल सर्फेस एरिया के 30 प्रतिशत का प्रावधान होना चाहिए।
- यह सुनिश्चित किया जाना चाहिए कि 6 मिमी की मोटाई वाले आयरन रॉड के साथ सीमेंट रिंग का प्रयोग किया जाऐ।

- पिट का स्लैब पिट के होल से थोड़ा बड़ा होना चाहिए तथा यह अपेक्षित मानक का होना चाहिए।
- पिट शौचालय पानी के किसी भी स्रोत से कम से कम 15 मीटर (40–45 फीट) दूर होना चाहिए।
- बेसिन को पी ट्रैप से जोड़ने था। पी ट्रैप को पिट पाइप से जोड़ने में समुचित सावधानी बरतनी चाहिए। पी ट्रैप शौचालय को पिट से जोड़ता है।
- शौचालय के निर्माण में सीमेंट, बालू एवं बजरी के मिश्रण में 1–2–4 के अनुपात का अनुकरण किया जाना चाहिए।
- उपलब्ध बजट के आधार पर प्रयोगकर्त्ता की निजता की रक्षा के लिए किसी प्रकार के सुपर स्ट्रक्चर का चयन कर सकते है।
- लीच पिट शौचालय के बेसिन को साबुन अथवा डिजरजेंट से हर रोज साफ करना (परन्तु एसिड अथवा फिनायल से नहीं)।

वेंटिलेटेड परिष्कृत पिट (वी आई पी) शौचालय

समान ढंग से काम करता है परन्तु इसके लिए एक अतिरिक्त व्यवस्था की जरूरत होती है। इसमें एक सीधी वेंटिलेशन पाइप होता है, जो पिट से आरंभ होता है और सुपर स्ट्रक्चर लेवल के ऊपर समाप्त होता है तथा शीर्ष पर एक फ्लाई मेष होता है। पिट में प्रवेश करने वाली कोई भी मक्खी प्रकाश की ओर जाती है तथा फ्लाई मेष में फंस जाती है और वापस सुपर स्ट्रक्चर में नहीं पहुंचती है।

वीआईपी शौचालय के सुपर स्ट्रक्चर को इसके लिए हमेशा अँधेरे में रखना होता है। इस प्रकार के शौचालय में सुपर स्ट्रक्चर अधिक गंध रहित होता है क्योंकि सुपर स्ट्रक्चर से ताजी हवा पिट में प्रवेश करती है और वेंटिलेशन पाइप के माध्यम से आती रहती है। परन्तु सुपर स्ट्रक्चर में अंधेरा इसका एक नुकसान है।

वीआईपी शौचालय के लाभ इस प्रकार हैं– कम लागत, स्वयं परिवार

द्वारा निर्माण के लिए उपयुक्त, पानी की कम आवश्यकता, मक्खियों पर नियंत्रण एवं गंध रहित आदि।

सामुदायिक सेनेटरी परिसर निर्मल भारत अभियान का एक महत्वपूर्ण घटक है तथा गाँव में किसी भी स्थान पर ऐसे परिसरों का निर्माण किया जा सकता है जो हितधारकों को स्वीकार्य होते है तथा उनके लिए सुगम होते हैं। ग्राम पंचायत एवं प्रयोक्ता समूहों से अपेक्षा की जाती है कि वे ऐसे परिसरों की पहचान करेंगे या कोई वैकल्पिक व्यवस्था करेंगे।

सामुदायिक शौचालय

अनके ग्राम पंचायतों में निम्नलिखित कारणों से सामुदायिक शौचालय की आवश्यकता उत्पन्न होती है–

- आसपास के क्षेत्रों से व्यवसाय के लिए या त्यौहार एवं मेलों में शामिल होने के लिए आने वाले लोगों की आवश्यकताओं को पूरा करना।
- बस स्टैंड सामुदायिक केन्द्रों में यात्रियों एवं आगंतुकों के लिए।
- ऐसे परिवारों की आवश्यकताएं पूरा करना जिनके यहाँ शौचालयों के निर्माण के लिए अपने घरों में स्थान बिल्कुल भी नहीं है।
- सामुदायिक शौचालयों का निर्माण भी निर्मल भारत अभियान के तहत शामिल है, जो ग्रामीण स्वच्छता की अवसंरचना के लिए सहायता एवं प्रोत्साहन प्रदान करने वाली स्कीम है ।
- शौचालयों के संबंध में– क्या करें एवं क्या न करें।

क्या करें

प्रयोग से पूर्व पैन को गीला करने के लिए थोड़ी मात्रा में पानी डालें ताकि मल अबाध रूप से फिसल कर पिट में चला जाऐ।

पेशाब करने के बाद उकडूं बैठने वाले पैन में थोड़ी मात्रा में (लगभग आधा लीटर) पानी डालें।

उकड़ूं बैठने वाले पैन को थोड़ी मात्रा में पानी तथा डिटर्जेंट पाउडर साबुन छिड़कने के बाद हर रोज लंबे हैंडल वाले मुलायम झाड़ू ब्रश से साफ करना चाहिए।

जब पिट भर जाए, तो प्रवाह को दूसरे पिट में निर्दिष्ट करें।

क्या न करें

- दोनों पिटों का प्रयोग एक साथ न करें।
- पैन की सफाई के लिए कास्टिक सोडा अथवा एसिड का प्रयोग न करें।

पैन या पिट में कूड़ा, सब्जी या फल के छिलके, चिथड़े, कॉटन अपशिष्ट, सिगरेट के टुकड़े तथा सफाई की सामग्रियां जैसे कि मक्की का डंठल, कीचड़, पत्थर के टुकड़े, पत्तियाँ आदि न डालें।

ग्रामीण सेनेटरी मार्ट के लिए ग्राम पंचायतों द्वारा की जाने वाली पहल

किसी गाँव या गाँवों के समूह के लिए ग्रामीण सेनेटरी मार्ट स्थापित करने के लिए संभावित उद्यमियों (जिसमें गैर सरकारी संगठन, ग्राम संगठन शामिल हैं) को प्रोत्साहित करना।

इस प्रयोजन के लिए ग्राम पंचायत के इलाके में उपयुक्त भूमि की पहचान करना।

जिला जल एवं स्वच्छता मिशन की सहायता एवं मार्गदर्शन प्राप्त करना तथा ग्रामीण सेनेटरी मार्ट की स्थापना में सहायता प्रदान करना और प्रस्ताव भेजना।

ग्रामीण सेनेटरी मार्ट के सफलतापूर्वक स्थापित एवं चालू हो जाने के बाद वहाँ बेचे जाने वाले सेनेटरी के सामान की गुणवत्ता एवं मूल्य की निगरानी करना।

ग्रामीण सेनेटरी मार्ट स्थापित करने के लिए निर्मल भारत अभियान के तहत उपलब्ध प्रावधान का उपयोग करना।

सामुदायिक शौचालयों का रखरखाव

सुविधा शुल्क के संग्रहण सहित सामुदायिक शौचालय के अनुरक्षण की जिम्मेदारी ग्राम पंचायत को लेनी चाहिए। जीपीडब्ल्यू एससीवी डब्ल्यू एस सी के सदस्यों को यह जिम्मेदारी सौपी जा सकती है। ग्राम पंचायत गैर सरकारी संगठनों ग्राम संगठन को भी यह जिम्मेदारी सौंपने पर विचार कर सकती है।

ग्रामीण सेनेटरी मार्ट (आर एस एम) उत्पादन केंद्र (पी सी)

व्यक्तिगत परिवार शौचालय (आई एच एच एल) के निर्माण के लिए अपेक्षित सामग्रियों तक तत्काल पहुंच प्रदान करने के लिए (ताकि इच्छुक परिवारों को इन सामग्रियों की खरीद के लिए दूर न जाना पड़े) या बहुत जरूरी है कि ग्राम पंचायत आर एस एमध्पी सी की स्थापना को प्रोत्साहित करे ।

ग्रामीण सेनेटरी मार्ट (आर एस एम) सामाजिक उद्देश्य के साथ एक वाणिज्यिक उद्यम है। आर एस एम ऐसा आउटलेट है जो सेनेटरी शौचालयों के निर्माण के लिए अपेक्षित सामान बेचता है।

आरएसएम स्थापित करने का मुख्य उद्देश्य विभिन्न प्रकार के शौचालयों तथा सेनेटरी अन्य सुविधाओं के निर्माण के लिए अपेक्षित सामग्री, सेवा एवं मार्गदर्शन प्रदान करना है, जो तकनीकी एवं वित्तीय दृष्टि से क्षेत्र के लिए उपयुक्त हो। गैर सरकारी संगठनों, स्वयं सहायता समूहों, महिला संगठनों, पंचायतों आदि द्वारा आर एस एम खोले एवं संचालित किए जा सकते हैं।

ग्रामीण सेनेटरी मार्ट शुरू करना सामाजिक उद्देश्य के साथ एक व्यावसायिक अवसर भी है। घर के पास सामग्री की उपलब्धता से शौचालयों का निर्माण काफी आसान हो जाएगा। ग्रामीण सेनेटरी मार्ट न केवल पैन, बेसिन, पी पाइप, वाल्व, पी ट्रैप, सीमेंट रिंग ब्रिक, पिट लिड, जैसी सेनेटरी

की वस्तुओं का भंडारण करते हैं, जो सुपर स्ट्रक्चर आदि के लिए अपेक्षित साधारण सामग्री हैं, अपितु स्वच्छता के बारे में गाँव के लोगों को सलाह भी देते हैं।

मांग के आधार पर ग्राम पंचायत उत्पादन केन्द्रों (पीसी) को भी प्रोत्साहित कर सकती है, जहाँ गाँव के स्तर पर स्थानीय पसंद के अनुसार उपर्युक्त वस्तुओं का विनिर्माण किया जाता है।

उत्पादन केंद्र या तो स्वतंत्र रूप से काम कर सकते हैं या फिर ग्रामीण सेनेटरी मार्ट के अंग हो सकते हैं। ग्राम पंचायत, ग्राम संगठनों, गैर सरकारी संगठनों, अन्य द्वारा भी इन आर एस एम पी सी का संचालन किया जा सकता है।

व्यक्तिगत परिवार शौचालयों के निर्माण एवं प्रयोग में ग्राम पंचायत एवं जी पी डब्ल्यू एस सीध वी डब्ल्यू एस सी की भूमिका व्यक्तिगत परिवार शौचालयों का निर्माण एवं प्रयोग सुनिश्चित करने में ग्राम पंचायत एवं जी पी डब्ल्यू एस सीध वी डब्ल्यू एस सी को महत्वपूर्ण भूमिका निभानी है, जिसमें निम्नलिखित शामिल हैं।

गाँव के लोगों के घरों के अंदर आई एच एच एल के स्थान, अपेक्षित सामग्रियों तथा उनकी खरीद के बारे में उनका मार्गदर्शन करना।

शौचालयों के निर्माण के दौरान अपेक्षित साधारण सावधानियों के बारे में बताना।

निर्मल भारत अभियान एवं मनरेगा के तहत उपलब्ध वित्तीय सहायता की प्रक्रिया के बारे में बताना।

शौचालय के निर्माण पूरा हो जाने के बाद विलंब के आई एच एच एल के उपयोग को सुनिश्चित करना। ऐसा इसलिए है कि शौचालयों के निर्माण के बाद भी परिवारों के कुछ सदस्य (या उनमें से सभी) शौचालयों का प्रयोग करने के बजाय खुले में शौच करना पसंद करते हैं और इस तरह ग्राम पंचायतों का उद्देश्य पूरा नहीं हो पाता है।

इसलिए, ग्राम पंचायत को शौचालयों के नियमित प्रयोग तथा खुले में शौच करने की प्रथा के उन्मूलन को सुनिश्चित करना चाहिए।

जहाँ आज भी हाथ से मैला साफ करना प्रचलित है, ग्राम पंचायत इस प्रथा को बंद करने के लिए पूरे जोश के साथ प्रचार कर सकती है। हाथ से मैला साफ करना न केवल दंडनीय अपराध है अपितु अमानवीय एवं अस्वास्थ्यकर भी है।

इस सिलसिले में ग्राम पंचायत जिला जल एवं स्वच्छता मिशन (डी. डब्ल्यू.एस.एम) की सहायता एवं मार्गदर्शन ले सकती है, जो ग्राम पंचायतों में आर.एस.एम. पी.सी. की स्थापना के लिए किसी उपयुक्त एजेंसी के साथ एम. ओ.यू (समझौता ज्ञापन) भी कर सकते हैं।

परिवारों को तकनीकी मार्गदर्शन प्रदान करने तथा स्थानीय राजगीरों को प्रशिक्षित करने के लिए भी इन आर.एस.एम. को यथासमय प्रोत्साहित किया जा सकता है।

इस सबके लिए ग्राम पंचायत को ग्रामीण परिवारों को प्रेरित करने के लिए न केवल सामाजिक विपणन की जरूरत होगी अपितु स्थानीय स्तर पर शौचालय निर्माण के लिए उपलब्ध सामग्री की खरीद के लिए उनमें मांग पैदा करने के लिए भी सामाजिक विपणन की जरूरत होगी।

14

ग्राम पंचायतों में स्वच्छता योजना

"स्वच्छता स्वतंत्रता से अधिक महत्वपूर्ण है"

—महात्मा गांधी

नागरिकपुर एक ग्राम पंचायत है, जहाँ हाल ही में पंचायत चुनाव हुए हैं। चुनाव के बाद नवनिर्वाचित पंचायत प्रतिनिधियों को स्वास्थ्य से जुड़ी अनेक समस्याओं का सामना करना पड़ा है, जैसे कि—

- दस्त के कारण बच्चों की मौत हो जाना।
- महिलाओं में निर्जलीकरण के मामले।
- स्कूली बच्चों में अनुपस्थिति की ऊँची दर।
- कभी—कभी सर्पदंश के मामले।
- बाहरी इलाकों (अक्सर शौच करने के क्षेत्र) में महिलाओं से छेड़छाड़ और
- संचारी रोगों के कारण कार्य दिवस का नुकसान।

नागरिकपुर ग्राम पंचायत के नवनिर्वाचित पंचायत प्रतिनिधियों ने ग्राम पंचायत की स्वच्छता संबंधी चुनौतियों के समाधान के लिए अपनी पहली

बैठक का आयोजन किया। इस बैठक में चुने हुए सभी प्रतिनिधियों ने भाग लिया।

सरपंच ने स्वच्छता के मुद्दों के समाधान के लिए बाहरी सहायता या मदद पर निर्भर न होने पर जोर दिया।

उन्होंने कहा कि चूँकि हम इस समस्या से सबसे अधिक प्रभावित हैं और चूँकि भारत के संविधान ने 73वें संशोधन के माध्यम से ग्राम पंचायतों को 29 विषयों की जिम्मेदारी सौंपी है (जिसमें स्वच्छता के मुद्दे भी शामिल हैं), इसलिए इन समस्याओं से निजात पाना हमारा दायित्व है।

ग्राम पंचायत के प्रतिनिधियों ने इससे सहमति व्यक्त की तथा 6 माह के अंदर स्वच्छता की स्थिति में सुधार लाने का निर्णय सर्वसम्मति से लिया गया।

इसी बैठक में दिशानिर्देशों के अनुसार ग्राम जल एवं स्वच्छता समिति (वी.डब्ल्यू.एस.सी) का गठन किया गया तथा यह निर्णय लिया गया कि ग्राम पंचायत के मार्गदर्शन में वी.डब्ल्यू.एस.सी स्वच्छता में सुधार के लिए कदम उठाएगी।

मॉडल जी.पी.डब्ल्यू.एस.सी.वी.डब्ल्यू.एस.सी. में तकरीबन 6 से 12 सदस्य होंगे जिनमें निम्नलिखित शामिल हैं–

- ग्राम पंचायत के सदस्य
- 50 प्रतिशत महिलाएं (जिसमें आशा कार्यकर्त्ताए एन एमआंगनवाड़ी कार्यकर्ता एवं शिक्षक शामिल हैं)
- अनुसूचित जाति, अनुसूचित जनजाति तथा समाज के कमजोर वर्गों के प्रतिनिधि

स्वच्छता के घटक के अंतर्गत निम्नलिखित शामिल हैं–

- मानव पशु के मल का सुरक्षित निस्तारण
- पेय जल का सुरक्षित भंडारण एवं रखरखाव

- निजी सफाई (जिसमें मासिक धर्म के दौरान सफाई शामिल है)
- मकान की सफाई
- भोजन में स्वच्छता
- अपशिष्ट जल का सुरक्षित निस्तारण
- ठोस अपशिष्ट का सुरक्षित निस्तारण
- सामुदायिक सफाई
- बस्तियों का दौरा किया गया, जहाँ स्वच्छता की अनेक समस्याएं देखी गई
- खुले में शौच करना
- जगह–जगह कचरा डालना
- बंद नालियां तथा सड़कों पर अपशिष्ट जल का फैलना
- हैंड पंप, बोर वेल एवं सार्वजनिक टोंटियों के चारों ओर गंदगी, कचरा एवं कीचड़ जमा होना
- स्कूलों एवं आंगनवाड़ियों में बेकार पड़े शौचालय और
- हाथ धोने तथा व्यक्तिगत सफाई के बारे में जागरूकता का अभाव।
- सरपंच ने अन्य चुने हुए प्रतिनिधियों तथा ग्राम स्तर के पदाधिकारियों के साथ विचार–विमर्श किया तथा शुरू में निम्नलिखित कार्य योजना का प्रस्ताव रखा।

समुचित स्वच्छता क्यों महत्वपूर्ण है–

- संचारी बीमारियाँ
- बच्चों का विकास अवरुद्ध होना
- शिशुओं की मृत्यु दर में वृद्धि

- यू. एम.आर (5 साल पूरा करने से पूर्व बच्चों की मृत्यु)
- बच्चों में प्रतिरोधक क्षमता में कमी
- इस प्रकार, चिकित्सा व्यय में वृद्धि, मजदूरी की क्षति, उत्पाद एवं उत्पादकता में कमी होती है जो परिवार के लिए आर्थिक नुकसान का मुख्य कारण है।

ग्राम पंचायत निम्नलिखित कार्य कर सकती है–

- दिशानिर्देशों के अनुसार जी.पी.डब्ल्यू.एस.सी वी.डब्ल्यू.एस.सी. का गठन
- डंपिंग यार्ड के लिए स्थान उपलब्ध कराना
- नियम बनाना तथा उनका पालन न करने के लिए दंडात्मक कार्रवाई का निर्णय लेना और
- स्वच्छता की गतिविधियों की योजना, कार्यान्वयन एवं मॉनिटरिंग में जी.पी. डब्ल्यू.एस.सी.वी.डब्ल्यू.एस.सी.एस सी की मदद लेना।
- जी.पी. डब्ल्यू.एस.सी.वी.डब्ल्यू.एस.सी. के कार्य

ग्राम पंचायत निम्नलिखित कार्य करने के लिए जी.पी.डब्ल्यू.एस.सी वी. डब्ल्यू.एस.सी. को निर्देश कर सकती है–

- समस्या की गंभीरता के लिए सर्वेक्षण
- स्वच्छता की कार्य योजना तैयार करना
- स्वच्छता कार्यक्रम का कार्यान्वयन
- डंपिंग यार्ड के लिए स्थान उपलब्ध कराना
- गलियों में झाडू लगाने, नालियों का निर्माण एवं सफाई करने, ठोस एवं अपशिष्ट जल के निस्तारण के लिए व्यवस्था करना
- पेय जल स्त्रोतों आउटलेट पर प्लेटफार्म का अनुरक्षण और

- गाँव के लोगों में स्वच्छता एवं सफाई के बारे में जागरूकता पैदा करना।

प्रस्तावित उपाय

- मुद्दों की पहचान करने तथा स्वच्छता में सुधार की आवश्यकता पर गाँव के लोगों को शिक्षित करने के लिए गाँव का दौरा करना।
- स्वच्छता एवं सफाई की प्रचलित प्रथाओं की जानकारी के लिए परिवार का सर्वेक्षण करना।
- अपेक्षित व्यक्तिगत परिवार शौचालय (आई.एच.एच.एल) एवं सामुदायिक शौचालयों (सी.टी.) की संख्या का निर्धारण करना।
- ग्राम सभा की मंजूरी प्राप्त करने के बाद व्यक्तिगत परिवार शौचालय (आई.एच.एच.एल) एवं सामुदायिक शौचालय (सी.टी.) के निर्माण के लिए प्रस्ताव तैयार करना।
- जैविक दृष्टि से क्षरणशील एवं जैविक दृष्टि से गैर क्षरणशील अपशिष्ट को डालने के लिए अलग पेटी–थैली रखने के लिए लोगों को प्रेरित करना।
- अपशिष्ट के घर–घर संग्रहण के लिए तंत्र की व्यवस्था करना।
- डंपिंग यार्ड की व्यवस्था करना।
- ठोस एवं तरल अपशिष्ट के प्रबंधन के लिए प्रस्ताव तैयार करना जिसमें कंपोस्ट का निर्माण, ग्रे पानी (रसोई एवं स्नान ग्रह से उत्पन्न) का शोधन तथा बायो गैस प्लांट का निर्माण शामिल है।
- बोर वेल, हैंड पंप एवं सार्वजनिक टोंटियों का आसपास के क्षेत्र की सफाई करना।
- नालियों की नियमित रूप से सफाई।
- निर्मल ग्राम पुरस्कार के लिए अपेक्षित क्षेत्रों में सुधार के लिए योजना तैयार करना।

ग्राम पंचायत तथा वी डब्ल्यू एस सी ने प्रगति की नियमित रूप से समीक्षा की–

- योजना के अनुसार आई एच एच एल का निर्माण।
- जल के स्त्रोतों एवं आउटलेट के आसपास के क्षेत्र की सफाई।
- नालियों की सफाई।
- घरेलू अपशिष्ट का संग्रहण तथा उसे डंपिंग यार्ड में डालना।
- ठोस एवं तरल अपशिष्ट का प्रबंधन।
- पशु–खाद का प्रबंधन।
- व्यक्तिगत सफाई।

सरपंच एवं वार्ड के सदस्यों को इस कार्य में अनेक समस्याओं का सामना करना पड़ा। परन्तु वे दृढ़ संकल्प के साथ आगे बढ़ते रहे और लोगों का स्वैच्छिक समर्थन एवं सहयोग प्राप्त किया।

इसके लिए उनको परिवारों का दौरा करना पड़ा ताकि ग्रामीणों को व्यक्तिगत एवं सामूहिक रूप से उनकी जिम्मेदारियों के बारे में जागरूक किया जा सके।

ग्राम पंचायत द्वारा स्वच्छता योजना तैयार करने के चरण –1 सूचना का संग्रहण तथा समस्या की गंभीरता का आकलन–

- ग्राम पंचायत की आबादी।
- परिवारों (एच एच) की संख्या।
- ऐसे परिवारों की संख्या जहाँ शौचालय नहीं हैं।
- ऐसे आई एच एच एल की संख्या जिनको प्रयोग में लाने की जरूरत है।
- ऐसे व्यक्तियों की संख्या जो खुले में शौच करते हैं।

- ऐसे व्यक्तियों की संख्या जो परिवार में शौचालय होने के बावजूद खुले में शौच करते हैं।
- ठोस एवं तरल अपशिष्ट के निस्तारण की प्रथाओं पर सूचना।
- स्कूलों एवं आंगनवाड़ियों में शौचालय की स्थिति में सूचना।

चरण –1 रणनीतियों की पहचान करना

- ऐसे परिवारों की संख्या जिनके लिए सामुदायिक शौचालयों की जरूरत है (अपरिहार्य कारणों से)।
- गाँव में हर रोज उत्पन्न होने वाले ठोस अपशिष्ट की मात्रा का निर्धारण करना (जैविक एवं अजैविक)।
- क्षेत्रफल के साथ डंपिंग यार्ड बनाने के लिए अभिचिन्हित स्थान।
- प्रस्तावित संग्रहण तंत्र घर घर सार्वजनिक डिब्बा।
- डंपिंग यार्ड तक अपशिष्ट को ले जाने के लिए प्रस्तावित तंत्र।
- अपशिष्ट (जैविक अजैविक) को अलग करने के लिए प्रस्तावित पद्धति।
- ठोस अपशिष्ट के निस्तारण के लिए प्रस्तावित तकनीकी विकल्प (कंपोस्ट पिट, वर्मी कंपोस्ट, बायो गैस यूनिट, भट्टी, रिसाइक्लिंग यूनिट आदि)।
- तरल अपशिष्ट के निस्तारण के लिए प्रस्तावित तकनीकी विकल्प।
- नालियों, सोक पिट, लीच पिट आदि के निर्माण एवं सफाई का ब्यौरा।
- बोर वेल एवं सार्वजनिक टोंटियों के आसपास के प्लेटफार्म में सुधार के लिए प्रावधान।
- स्वच्छता एवं सफाई के बारे में समुदाय में जागरूकता को बढ़ावा देना।

चरण –2 लागत अनुमान तैयार करना

- मांग एवं प्रस्तावों को अंतिम रूप देना तथा उनकी प्राथमिकता निर्धारित करना।
- संबंधित सरकारी पदाधिकारियों की सहायता लेकर तकनीकी प्रस्ताव एवं लागत अनुमान तैयार करना।

चरण – 3 संसाधन जुटाना

- निर्मल भारत अभियान मिशन स्वच्छ भारत (एन बी ए एम एस बी) तथा अन्य योजनाओं के अंतर्गत उपलब्ध निधियों के उपयोग की संभावना का आंकलन करना।
- लागत अनुमान तथा उपलब्ध निधियों के बीच अंतर होने की स्थिति में किसी उपयुक्त विकल्प पर निर्णय लेना, जैसे कि प्राथमिकताओं को चरणवार कार्यान्वित करना या समुदाय एवं आम जनता के योगदान से लागत एवं उपलब्ध निधि के अंतर की भरपाई करना।

प्रावधान

स्वच्छता के विषय में जागरूकता के लिए ग्राम पंचायत में सूचना, शिक्षा व संचार (आई.ई.सी.) गतिविधियों के लिए क्या प्रावधान है?

जिला स्तर पर जिला जल एवं स्वच्छता मिशन के माध्यम से, ब्लॉक स्तर पर ब्लॉक संसाधन केन्द्रों के माध्यम से तथा पंचायत स्तर पर ग्राम पंचायतों के माध्यम से सूचना, शिक्षा एवं संचार (आई.ई.सी.) की गतिविधियों को प्रोत्साहित करने के लिए निर्मल भारत अभियान मिशन स्वच्छ भारत (एन.बी. ए.एम.एस.बी.) के तहत आई.ई.सी. के लिए प्रावधान है।

स्वच्छता दूत – ग्राम पंचायत प्रशिक्षित ग्रामीण उत्प्रेरक (उत्प्रेरकों) की पहचान कर उन्हें 'स्वच्छता दूत' नामित कर सकती है। वे स्वच्छता की गतिविधियों का समन्वय, परिवारों का मार्गदर्शन और ग्राम पंचायत और परिवारों के बीच सेतु के रूप में काम करेंगे।

स्वच्छता दिवस– ग्राम पंचायत माह के किसी विशेष दिन को स्वच्छता दिवस के रूप में निर्धारित कर सकती है। किसी खुले सार्वजनिक स्थान पर इस दिन बैठक का आयोजन किया जाता है। समुदाय के सदस्यों तथा अन्य हितधारकों के साथ ग्राम पंचायत के सदस्य स्वच्छता के क्षेत्र में हुई प्रगति की समीक्षा, कमियों की पहचान, व्यय की समीक्षा और रुझानों एवं अनुभवों के आधार पर भावी कार्य योजना बना सकते हैं।

ग्राम स्वच्छता– सभा स्वच्छता के लिए ग्राम सभा की बैठक विशेष रुप से 6 माह में एक बार बुलाई जाती है। ग्राम स्वच्छता सभा के रूप में यह बैठक विभिन्न स्वच्छता दिवसों पर लिए गए निर्णयों पर प्रगति की समीक्षा करने, लाभार्थियों की सूची पढ़कर सुनाने, स्वच्छता के कार्य की गुणवत्ता का मूल्यांकन करने, वित्त की समीक्षा करने तथा गाँव के लोगों के प्रश्नों का उत्तर देने आदि के लिए होती है।

ये बैठकें ठीक उसी तरह पूरी गंभीरता के साथ आयोजित की जानी चाहिए जिस तरह से ग्राम सभा की नियमित बैठकें आयोजित की जाती हैं तथा निर्णयों के पालन को सुनिश्चित किया जाना चाहिए।

इस संबंध में ग्राम पंचायत बी.आर.सी. तथा जिला स्तरीय एन.बी.ए. एम. एस.बी. समन्वयकों से मार्गदर्शन प्राप्त कर सकती है तथा आई.ई.सी. की गतिविधियाँ शुरू कर सकती है।

ग्राम पंचायतों के लिए सुगम सहायता एजेंसियां

ग्राम पंचायतों के पास अक्सर सभी कार्यो को संपन्न करने के लिए विशेषता एवं आवश्यक सूचनाएँ नहीं होती हैं।

इसलिए तकनीकी एवं अन्य सहायता प्रदान करने के लिए निम्नलिखित संस्थाएँ एजेंसियां उपलब्ध हैं।

- जल एवं स्वच्छता विभाग के प्रभारी कनिष्ठ अभियंता सहायक अभियंता (सभी तकनीकी मामलों, आयोजन तथा रिपोर्ट तैयार करने के लिए)

- ब्लॉक संसाधन केंद्र (बी.आर.सी) (आई.ई.सी. एवं प्रशिक्षण की गतिविधियों के लिए)
- पेय जल एवं स्वच्छता मिशन (डी.डब्ल्यू.एस.एम) (आई.ई.सी, प्रशिक्षण के लिए तथा आर.एस.एम की स्थापना आदि के लिए)

15

अपशिष्ट प्रबंधन

यह भयावह भविष्य का खतरनाक संदेश है कि भारत जैसे वृक्षों का आदर और पूजा करने वाले देश में वर्षा और पेयजल की लगातार कमी हो रही है। यह तो और भी विचित्र बात है कि सामाजिक और सरकारी दोनों ही स्तरों पर उपलब्ध पेयजल का असामान्य दोहन होता है। अपशिष्ट पदार्थों का असुरक्षित निपटान और उससे होने वाले वायु–प्रदूषण के अतिरिक्त जल–प्रदूषण के प्रति असावधानी विनाशकारी है।

भारत ही नही, प्रदूषण का विस्तृत दुष्प्रभाव संसार पर पड़ रहा है। अंतरराष्ट्रीय स्तर पर कड़ा–प्रबंधन के प्रति असावधानी को गंभीरता से लिया गया है और इससे वातावरण पर पड़ने वाले दुष्प्रभावों के प्रति चिंता प्रकट की गई है। वायुमंडल में तापमान की असामान्य वृद्धि और उपयुक्त भूजल के विषैले होते जाने की एक अलग ही समस्या दिखाई पड़ने लगी है।

तापमान बढ़ने से ध्रुवीय प्रदेशों की बर्फ पिघल रही है। इससे पृथ्वी के जलमग्न होने की आशंका इधर के दिनों में अधिक गंभीरता से व्यक्त की गई है। समुद्रों के जलस्तर में भी वृद्धि हुई है, छोटे द्वीपों का अस्तित्व खतरे में पड़ता दिखाई पड़ रहा है। कूड़े के असुरक्षित निपटान से स्थिति इतनी भयावह होती दिखाई देती है कि दक्षिण–पूर्व एशिया के देशों का तापमान लगातार जीवन के विरुद्ध होता जा रहा है।

छोटे एवं बड़े शहरों में दैनिक जीवन के उपयोग से निकलने वाले कूड़े का उपयोग प्रायः गड्ढों को भरने के लिए किया जाता है, परंतु इसकी समुचित व्यवस्था नहीं हो पाती। पेयजल के रूप में उपयोग में लाए जाने वाले भूजल के आर्सेनिक आदि हानिकारक तत्वों से विषाक्त होने का मुख्य कारण यही है।

देश के महानगरों की स्थिति तो और भी बुरी है। कूड़े के निपटान के लिए उपयुक्त स्थानों का अभाव है। भारत में कुल 5161 नगर हैं, जिनमें 35 को महानगर का दर्जा प्राप्त है। 393 प्रथम श्रेणी और 401 द्वितीय श्रेणी के नगरों के अतिरिक्त कई और 20000 से 50000 की आबादी वाले छोटे नगर भी हैं।

भारत में इन नगरों से प्रतिदिन लगभग एक लाख टन अपशिष्ट पदार्थ निकलते हैं। छोटे नगरों में निकलने वाले कूड़े को प्रति व्यक्ति औसत मात्रा 0.1 कि.ग्रा है, जबकि बड़े नगरों में कूड़े व्यक्ति 0.4 से 0.6 किग्रा. औसत कूड़ा निकलता है।

भारत में नगरों के सौंदर्य को बिगाड़ने में ये कूड़ा अहम भूमिका निभाता है। नगरीय सभ्यता की ओर आकर्षित होते मध्यवर्गीय ग्रामीणों की बढ़त से नगरों की आबादी में वृद्धि होती है तो ये नए नगर कूड़े के प्रबंधन के प्रति स्वाभाविक रूप से लापरवाह भी होते हैं। नगरों के विकास के लिए बनाए गए स्थानीय शासन के प्राधिकरणों के कर्मचारियों एवं पदाधिकारियों में कुशलता का अभाव तो है ही, निष्ठा भी कम न है।

कर्मचारियों को कूड़े के पर्यावरणीय दुष्प्रभाव का सैद्धांतिक ज्ञान न होने के कारण व्यावहारिक तौर पर परेशानी होती है। नगर प्राधिकरणों में कर्मचारियों का आभाव अलग है और जो कर्मचारी हैं वे भी काम के अनुपात में कम हैं।

सरकार उनके नियमित वेतन और दूसरे भत्तों के समुचित तथा ससमय भुगतान का पुख्ता प्रबंध भी नहीं कर पा रहीं। नगरों में कूड़ों के साथ मानव मल मिश्रित होता है। कम अथवा निम्नवर्गीय आबादी वाला क्षेत्र ही प्रायः कूड़े

को फेंकने की जगह की रूप में किया जाता है। उन क्षेत्रों के लोग अपने व्यक्तिगत जीवन से निःसृत कूड़े के प्रबंधन के लिए अपेक्षाकृत अधिक उदासीन होते हैं।

अमूमन शहरों के निम्नवर्गीय लोग तो कूड़ों वाले अर्थात उपेक्षित सरकारी क्षेत्रों में ही अपनी झोपड़ियां खड़ी करते हैं, जिन्हें स्लम क्षेत्र कहा जाता है। वर्षा के दिनों में इन क्षेत्रों में पसरी गंदगी शहर की समूची आबोहवा पर प्रतिकूल असर डालती है। शहरों में पांव फैलाती संक्रमण जनित नई बीमारियों का जन्म भी प्रायः यहीं से होता है।

वृक्षों का अभाव, वाहनों एवं कल–कारखानों से निकलने वाला धुआं, ध्वनि आदि के प्रति पर्यावरणविदों का ध्यान तो लंबे समय से जाता रहा, पर इस कूड़े के निपटान से संबंधित न तो कोई तकनीकी ज्ञान सृजित किया गया और न ही इसके प्रति अपेक्षित ध्यान दिया गया।

नगरों से मुख्य मार्गों एवं गलियों के कूड़ों का निपटान किए जाने के प्रबंध गैर–मुनासिब हैं। सिर्फ 72.5 प्रतिशत कूड़ा ही हटाया जाता है। उनमें भी अधिकांश कूड़े का उपयोग खाली गड्ढों को भरने, सड़क किनारे फेंक देने आदि में होता है। कूड़े को खुले में फेंकने और खुला छोड़ देने का और भी खतरनाक परिणाम दिखाई पड़ रहा है।

कूड़े का निष्पादन जैविक खाद बनाने या उसके बंद निपटान के लिए किया जाना चाहिए, जो महज उठाए गए कूड़े में से दस प्रतिशत भाग का ही हो पा रहा है। शहरों के पास खाली भूमि का अभाव है। कूड़ा फेंकने के लिए सरकारी तौर पर जिन क्षेत्रों का चयन किया जाना चाहिए, वे जनसंख्या रहित हों।

यदि इस दृष्टि से क्षेत्रों का चयन होता भी है तो वे शहरों से दूर होने के कारण व्यय साध्य होते हैं। सरकारी कर्मचारियों एवं ठेकेदारों की उदासीनता अथवा अधिक लाभ अर्जित करने की इच्छा के कारण ये कूड़ा वहां तक पहुंच ही नहीं पाता। यदि पहुंच भी पाता है तो उसके खुले निपटान के कारण स्थानीय प्रदूषण का नया खतरा उत्पन्न हो जाता है।

पश्चिमी देशों में भारत की अपेक्षा अधिक सुचिंतित और सावधान नागर–जीवन सुलभ है। वे कूड़े के निपटान के लिए उचित प्रबंध करते हैं। वहां सेनेटरी लैंडफिल में कूड़ा डालने के बाद ऊपर से निश्चितप्रायः मिट्टी डाल दी जाती है, लैंडफिल के चारों तरफ चिकनी मिट्टी भी डालने का प्रावधान है। इससे दुर्गंध और जीवाणुओं के प्रसार को रोका जाना संभव हो पाता है।

यह एक प्रकार की कंपोस्टिंग की भी व्यवस्था होती है और इससे नए पौधों के पोषण को तो बल मिलता ही है, खाली पड़े गड्ढों को लैंडफिलिंग के बाद उपयोग मे लाने की संभावना भी बढ़ जाती है। कूड़े में मानव मल और फलों–सब्जियों के सड़े हुए अंश मिले रहते हैं।

मिट्टी या बालू की तुलना में इनकी मात्रा अधिक ही रहती है। सड़न से दुर्गंध आती है और वातावरण के तापमान को तेजी से बढ़ने वाली मीथेन गैस की मात्रा भी वातावरण में तेजी से फैलती जाती है।

पेड़ों की अंधाधुंध कटाई से ऑक्सीजन के अभाव और कल–कारखानों के धुएं से बढ़ते कार्बन डाइऑक्साइड एवं कार्बन मोनोऑक्साइड को लेकर की गई चिंता तो विद्यालयी पाठ्यक्रमों में भी शामिल है, परंतु कार्बन डाइऑक्साइड की तुलना में इक्कीस गुणा अधिक हानिकारक मीथेन गैस के प्रति पर्यावरणविदों की चेतना अपेक्षाकृत विलंब से जागृत हो रही है। अब जाकर भारत सरकार के पर्यावरण एवं वन–मंत्रालय ने इससे संबंधित एक आदेश जारी किया है।

25 सितंबर, 2000 को जारी हुए इस आदेश का क्रमांक 908 (बी) है, जिसमें सेनेटरी लैंडफिल के लिए कुशल कर्मियों को लगाए जाने पर विशेष बल दिया गया है।

इसमें लैंडफिल वाली सेनेटरियों का क्षेत्रफल तय करने की बात कही गई है कि वह कम–से–कम तीन से चार दशकों का समय देख सकें। इसके अंतर्गत तीन लाख से कम जनसंख्या वाले क्षेत्रों को चिन्हित करने का प्रावधान है। ऐसे दो–तीन नगरों को मिलाकर एक क्षेत्रीय समिति को गठन के निर्णय

लिया गया है, जिससे साधन एवं खाली क्षेत्रों के अभाव को कम व्यय से इस कार्य में आड़े आने से रोका जा सके। इस प्रकार निस्तारण की लागत प्रति टन कम हो सकेगी।

छोटे नगरों में कोष की कमी अथवा अनुपयुक्तता के कारण प्रबंधन होने में कठिनाई होती है, ठेकेदारों का अभाव होता है, उनके ससमय भुगतान के प्रति सचेष्ट नहीं होने के कारण भी यह समस्या उत्पन्न होती है। क्षेत्रीय समिति के गठन के बाद सेनेटरी लैंडफिल के लिए भूमि क्रय का बंदोबस्त आसानी से संभव है। स्थानीयता के कारण न सिर्फ ठेकेदारों की सुलभता संभव है, बल्कि संयंत्रों और स्थानीय लोगों का सहयोग लेना आसान हो सकता है।

स्थानीय लोगों को अपने–अपने क्षेत्रों से निस्तारित कूड़े के निपटान और उसके चक्रीय उपयोग से संबंधित प्रशिक्षण की व्यवस्था कम लागत में की जा सकती है।

पॉलीथिन, शीशा, पत्थर के टुकड़ों को अलग कर कूड़े से जैविक खाद बनाने का सस्ता और आवश्यक प्रबंधन विकसित करना अधिक आसान है। रासायनिक खादों के बढ़ते दुष्प्रभाव, अनुपलब्धता एवं महंगाई के विकल्प स्वरूप जैविक खाद पर अवलंबित होना अधिक प्राकृतिक और उपयुक्त होगा।

इन क्षेत्रीय समितियों को यह भार सौंपा गया है कि वे कूड़े के ढेर की ऊंचाई तीस मीटर से अधिक न बढ़ने दें। छोटे नगरों में उसे 5 मीटर तक ऊंचे कूड़े के ढेरों को एकत्रित कर 30 मीटर तक ऊंचाई सीमा में जमा करना अधिक मुश्किल नहीं। इस प्रकार की लैंडफीलिंग के नियंत्रित प्रबंधन से जहरीली मीथेन गैस को उपयोगी बनाया जा सकता है। इससे विद्युत का उत्पादन संभव है।

अभी तक कूड़े के निपटान का सबसे उपयुक्त तरीका लैंडफिलिंग रहा है, परंतु इसीनरेटर और कंपोस्टिंग की अन्य दो विधियां भी सृजित की गई हैं। इसीनरेटर की विधि अधिक व्यापक नहीं हो पाई और इससे वायु प्रदूषण

की अतिरिक्त क्षति होती देखी गई, परंतु प्लास्टिक के थैलों, अस्पतालों से निकले दवाओं के खाली पत्तों, ऑपरेशन थिएटर में उपयोग में लाने के बाद फेंके जाने वाले सामानों के निस्तारण की कोई अन्य तरकीब इसीनरेटर के अतिरिक्त फिलहाल आविष्कृत नहीं की जा सकी है।

इसीनरेटर खर्चीली प्रणाली भी है। कृत्रिम वस्तुओं के निपटान के लिए यह प्रणाली उपयोग में लाई जाती है। कृत्रिम वस्तुएं कम–से–कम उपयोग में लाइ जाऐ, कम साधनों का उपयोग हो और एक ही साधन का कई कार्यों में उपयोग हो। यदि कूड़ा फेंका जाए तो उसे फेंकने से पूर्व वर्गीकृत कर दिया जाए।

कृत्रिम वस्तुओं यथा पॉलीथिन, प्लास्टिक, लोहे के टुकड़ों, शीशों और दूसरे पदार्थों को फेंकने से पूर्व अलग–अलग टोकरियों में एकत्रित करते जाना चाहिए। इससे उन्हें पुनर्चक्रण में लगाया जा सकता है। उन्हें कबाड़ियों को बेचकर कुछ भी कमाया जा सकता है, जो पदार्थ हमारे लिए उपयोगी नहीं हों, उन्हें अन्य परिवारों तक हस्तांतरित कर देना चाहिए।

प्रायः यह निर्णय लेना चाहिए कि हमारे द्वारा उपयोग में लाए जाने वाले पदार्थ डिस्पोजेबल कम हों। उनकी जगह टिकाऊ और कीमती सामानों के उपयोग से यह संभव हो सकता है कि वे अपेक्षाकृत कूड़ों में तत्काल तब्दील न हों। प्लास्टिक भू–मृदा के लिए सर्वाधिक हानिकारक है। निकट के वर्षों में यह अलग समस्या बन गई है। प्लास्टिक के थैलों की जगह टिकाऊ और बार–बार उपयोग में लाए जा सकने वाले कपड़ों के थैलों का इस्तेमाल अधिक हो।

छोटे आंगनों में कंपोस्ट पिट का निर्माण किया जाना चाहिए, जिनमें जैविक अपशिष्टों का निपटान हो, अजैविक अपशिष्टों के निस्तारण की अलग से व्यवस्था आवश्यक है। जैविक कूड़े से बने जैविक खाद को बागवानी आदि में उपयोग में लाया जा सकता है, अथवा छोटे और मंझोले किसानों को बेचकर मुनाफा भी कमाया जा सकता है।

कूड़े से लैंडफिलिंग के उचित प्रबंध के अंतर्गत कई प्रयोग किए गए।

कूड़े वाली भूमि को मिट्टी से ढक दिया जाता था अथवा एशफॉल्ट से बना वाटरप्रूफ आवरण दे दिया जाता था। इससे भूजल और वर्षा के जल से उसका संपर्क रोक दिया जाता था। लाभ यह होता था कि पेयजल संक्रमित नहीं होता था और वातावरण भी जीवाणुओं के दुष्प्रभाव से मुक्त रहता था।

इससे कूड़ा न तो फैलता था और न ही इसकी सूखी धूल वातावरण को अपशिष्ट करती थी। बाद में कूड़े से पटे क्षेत्रों को मिट्टी डालकर सामान्य कर दिया जाता था और उन पर आबादी के बढ़ते घनत्व के कारण इमारतें बना दी जाती थीं। परंतु कूड़े से बाद में गैस रिसने की कई घटनाओं ने नगर जीवन पर प्रतिकूल प्रभाव डाला। कुछ समय पूर्व मुंबई में एक ऐसी ही डंपिंग को बंद किया गया है। प्रयास किया जा रहा है कि उसका उपयोग विद्युत निर्माण के रूप में किया जाए।

मुंबई हाईकोर्ट ने ऐसी डंपिंगों–कैंपिंगों की अपेक्षा बायोस्टेबिलाइजेशन को श्रेयस्कर माना है। इसमें लागत भी कम आती है तथा क्षेत्र को बाद में खेत के खुले मैदान के रूप में विकसित किया जा सकता है।

इससे कूड़े के आयतन को भी कम किया जा सकता है और वातावरण में गैस का फैलाव भी नहीं हो सकता। ऐसे प्रबंधनों से मुंबई के अतिरिक्त नासिक, मदुरै और कोलकाता में कई मैदान विकसित भी किए जा चुके हैं।

अमेरिका, ऑस्ट्रेलिया आदि में कूड़े के प्रबंधन से संबंधित शोध और प्रयोग किए जा रहे हैं। अमेरिका में मिट्टी से कैंपिंग असफल रही और शुष्कता के कारण दरार आ गई। ऑस्ट्रेलिया में मीथेन गैस का उपयोग महंगा सिद्ध हुआ। फाइटो कैंपिंग से कूड़े वाले क्षेत्र पर वृक्षारोपण कर सफलता पाई गई।

कूड़े का प्रबंधन व्यक्तिगत सावधानी से संभव है। यह न सिर्फ सामाजिक कर्तव्य है, बल्कि जीवन और पर्यावरण के अन्योन्याश्रय संबंध का निर्धारक जैविक कर्तव्य भी।

16

प्रधानमंत्री मोदी के द्वारा 'स्वच्छ भारत अभियान' की शुरुआत

प्रधानमंत्री श्री नरेन्द्र मोदी ने 2 अक्टूबर को लोगों से महात्मा गांधी के स्वच्छ भारत के सपने को पूरा करने का आह्वान किया है। नई दिल्ली में राजपथ पर स्वच्छ भारत अभियान की औपचारिक शुरुआत करते हुए प्रधानमंत्री ने भारत माता के दो महान सपूतों महात्मा गांधी और पूर्व प्रधानमंत्री लाल बहादुर शास्त्री की जयंती पर उन्हें श्रद्धांजलि दी।

उन्होंने याद दिलाया कि कैसे श्री शास्त्री द्वारा जय जवान, जय किसान का नारा दिए जाने के बाद किसानों ने कड़ी मेहनत की और देश को खाद्य सुरक्षा के मामले में आत्मनिर्भर बनाया। उन्होंने कहा कि गांधीजी के दो सपनों (भारत छोड़ो और स्वच्छ भारत) में से एक को हकीकत में बदलने में लोगों ने मदद की। हालांकि, स्वच्छ भारत का दूसरा सपना अब भी पूरा होना बाकी है।

उन्होंने कहा कि एक भारतीय नागरिक होने की खातिर यह हमारी सामाजिक जिम्मेदारी है कि हम वर्ष 2019 में महात्मा गांधी की 150वीं जयंती मनाए जाने तक उनके स्वच्छ भारत के सपने को पूरा करें।

प्रधानमंत्री ने देश की सभी पिछली सरकारों और सामाजिक, धार्मिक

एवं सांस्कृतिक संगठनों द्वारा सफाई को लेकर किए गए प्रयासों की सराहना की।

उन्होंने जोर देते हुए कहा कि भारत को स्वच्छ बनाने का काम किसी एक व्यक्ति या अकेले सरकार का नहीं है, यह काम तो देश के 125 करोड़ लोगों द्वारा किया जाना है जो भारत माता के पुत्र–पुत्रियां हैं।

उन्होंने कहा कि स्वच्छ भारत अभियान को एक जन आंदोलन में तब्दील करना चाहिए। लोगों को ठान लेना चाहिए कि वह न तो गंदगी करेंगे और न ही करने देंगे।

प्रधानमंत्री ने कहा कि विश्व स्वास्थ्य संगठन के मुताबिक साफ–सफाई न होने के चलते भारत में प्रति व्यक्ति औसतन 6500 रुपये जाया हो जाते हैं। उन्होंने कहा कि इसके मद्देनजर स्वच्छ भारत जन स्वास्थ्य पर अनुकूल असर डालेगा और इसके साथ ही गरीबों की गाढ़ी कमाई की बचत भी होगी, जिससे अंतत राष्ट्रीय अर्थव्यवस्था में महत्वपूर्ण योगदान होगा।

उन्होंने लोगों से साफ–सफाई के सपने को साकार करने के लिए इसमें हर वर्ष 100 घंटे योगदान करने की अपील की है। प्रधानमंत्री ने शौचालय बनाने की अहमियत को भी रेखांकित किया।

उन्होंने कहा कि साफ–सफाई को राजनीतिक चश्मे से नहीं देखा जाना चाहिए, बल्कि इसे देशभक्ति और जन स्वास्थ्य के प्रति कटिबद्धता से जोड़ कर देखा जाना चाहिए।

प्रधानमंत्री ने कहा कि स्वच्छ भारत अभियान में योगदान देने और सोशल मीडिया पर इसे साझा करने के लिए उन्होंने नौ हस्तियों को आमंत्रित किया है, जिनमें मृदुला सिन्हा, सचिन तेंदुलकर, बाबा रामदेव, शशि थरूर, अनिल अंबानी, कमल हसन, सलमान खान, प्रियंका चोपड़ा और 'तारक मेहता का उल्टा चश्मा' की टीम शामिल हैं।

उन्होंने बताया कि इन कार्यों को अंजाम देने के लिए नौ अन्य लोगों को आमंत्रित किया गया है और इस तरह एक श्रृंखला–सी बना दी गई है।

उन्होंने लोगों से का इस्तेमाल करते हुए सोशल मीडिया पर अपने योगदान को साझा करने का आग्रह किया है।

प्रधानमंत्री ने स्वच्छ भारत अभियान के प्रतीक चिन्ह और इसके नारे से जुड़ी प्रतियोगिता के विजेताओं को बधाई दी। ये हैं– महाराष्ट्र से अनंत और गुजरात से भाग्यश्री। नारा है– 'एक कदम स्वच्छता की ओर'। प्रधानमंत्री जब उपस्थित भीड़ को स्वच्छता की शपथ दिला रहे थे तो उस वक्त जाने–माने फिल्म अभिनेता आमिर खान ने भी मंच साझा किया।

केन्द्रीय मंत्रियों वेंकैया नायडू और नितिन गडकरी ने भी उपस्थित लोगों को संबोधित किया।

इससे पहले प्रधानमंत्री राजघाट एवं विजयघाट गए और देश के दो महान सपूतों महात्मा गांधी और लाल बहादुर शास्त्री की जयंती पर उन्हें पुष्पांजलि अर्पित की। इसके बाद वह वाल्मीकि बस्ती गए, जहां महात्मा गांधी एक बार रुके थे।

प्रधानमंत्री ने यहीं से स्वच्छता अभियान की शुरुआत की। प्रधानमंत्री ने नई दिल्ली स्थित मंदिर मार्ग पुलिस स्टेशन का औचक निरीक्षण भी किया।

प्रधानमंत्री ने स्वयं एक झाड़ू लेकर धूल की सफाई की। बाद में उन्होंने पुलिस अधिकारियों से स्वच्छता बनाए रखने का आह्वान किया।

स्वच्छ भारत मिशन झलकियां

स्वच्छ भारत के नारों से आज गूंज उठा दिल्ली का कोना कोना।

पांच हजार बच्चों ने जोरदार ध्वनि से प्रधानमंत्री का स्वागत किया। बच्चे सफाई अभियान के समर्थन में उत्साह के साथ झंडे और पोस्टर लहरा रहे थे। वहां मौजूद सभी लोगों ने मगन होकर स्वच्छता मिशन पर बनी फिल्म को देखा।

शपथ लेने से पहले जानेमाने अभिनेता और सामाजिक कार्यकर्ता आमिर खान को मंच पर बुलाया गया और उसके बाद प्रधानमंत्री ने शपथ दिलाई।

प्रधानमंत्री ने सभी से हाथ ऊपर उठाकर महात्मा गांधी का ध्यान करने और फिर शपथ लेने के लिए कहा।

इस अवसर पर वाकेथन को हरी झंडी दिखाने के बाद बच्चों की अत्यधिक खुशी को देखकर प्रधानमंत्री भी व्रत के बावजूद कुछ दूर तक उनके साथ चले।

इस अवसर पर समाज जीवन के प्रत्येक तबके के लोग उपस्थित थे।

वाल्मीकि बस्ती में प्रधानमंत्री ने बच्चों से स्वच्छता सेनानी बनने का आह्वान किया।

17

स्वच्छ भारत मिशन' की शुरूआत पर प्रधानमंत्री मोदी का भाषण

भारत माता की जय!

महात्मा गांधी अमर रहें! महात्मा गांधी अमर रहें! महात्मा गांधी अमर रहें!

लाल बहादुर शास्त्री अमर रहें! लाल बहादुर शास्त्री अमर रहें! लाल बहादुर शास्त्री अमर रहें!

विशाल संख्या में पधारे हुए वरिष्ठ महानुभावों और सभी नौजवानों साथियों, आज 2 अक्टूबर है। पूज्य महात्मा गांधी का जन्मदिवस है। पूज्य लाल बहादुर शास्त्री जी का भी जन्मदिवस है। लाल बहादुर शास्त्री जी ने हमें मंत्र दिया था जय जवान–जय किसान! देश के किसानों ने उस एक आह्वान पर हिंदुस्तान के अन्न के भंडार भर दिए थे।

पूज्य बापू ने हमें संदेश दिया था। 'भारत और स्वच्छ भारत' (Quit India &Clean India) देशवासियों ने आजादी का आंदोलन चलाकर के देश को पूज्य बापू के नेतृत्व में गुलामी से मुक्त कराया लेकिन पूज्य बापू का Clean India का सपना अभी अधूरा है। यहां पर एक Crowd Sourcing के माध्यम से देश के लोगों का आह्वान किया था कि इसका स्वहव बनाकर के

हमें Idea दीजिए। लोगों को कहा था कि आप इसका घोष वाक्य हमें दीजिए। महाराष्ट्र के भाई अनंत ने इसमें विजय प्राप्त की। गुजरात राजकोट की एक बहन भाग्यश्री ने इसका इनाम प्राप्त किया।

जब हजारों की तादाद में स्वहव आए थे और जब मैंने इस स्वहव को देखा! एक दम से मुझे बड़ा सटीक लगा। मैं देख रहा हूं, इन चश्मों से महात्मा गांधी देख रहे हैं कि बेटे, भारत को स्वच्छ किया कि नहीं किया! ये स्वहव सिर्फ स्वहव नहीं है। इस चश्में से गांधी देख रहे हैं।

क्या किया? क्या कर रहे हो, कैसे कर रहे हो, कब तक करोगे, इसलिए जब गांधी के चश्में का स्वहव हम देखते हैं, जो चश्में खुद हमें कहते हैं, स्वच्छ भारत का संदेश देते हैं। मैं इस कल्पना के लिए, इस कृति की रचना करने वाले अनंत को अभनिनंदन देता हूं। एक उन्होंने घोष वाक्य दिया भाग्यश्री ने "एक कदम स्वच्छता की ओर" बहुत बड़ी बात नहीं है। एक कदम। इसके लिए मैं भाग्यश्री भी बधाई देता हूं।

मेरे प्यारे देशवासियों! मैं आज इस मंच पर से बड़ी प्रमाणिकता से, पवित्र मन से, मेरे सामने India Gate है, यहां पर देश के लिए मरने–मिटने वालों की ज्योति जल रही रही है, उसकी साक्षी से मैं कहता हूँ, राजनीतिक बयान नहीं कर रहा हूँ। इस देश की सभी सरकारों ने, इस कल को करने के लिए कोई न कोई प्रयास किया है।

इस देश के अनेक सामाजिक, सांस्कृतिक, धार्मिक नेताओं ने इस काम को करने के लिए प्रयास किया है। जिन–जिन लोगों ने, अलग–अलग नाम रहे होंगे, कार्यक्रम की रचना अलग रही होगी, रूप–रंग अलग रहे होंगे लेकिन जिन–जिन लोगों ने काम किया है। मैं सबसे पहले उन सबको वंदन करता हूँ। मैं उनका अभिनंदन करता हूँ।

उसी कड़ी को मुझे आगे ले जाना है। मैं कोई दावा नहीं करता हूँ कि अभी–अभी जो चुनकर के आई है, सरकार वो ही सब कर रही है। ना, मैंने लालकिले से भी पुरानी सभी सरकारों को बधाई दी थी, अभिनंदन किया था। आज मैं इस पवित्र मंच से भी जिन–जिन सरकारों ने इस काम को किया है,

चाहे केंद्र में हो, चाहे राज्य में हो, चाहे। नगर–पालिका में हो, चाहे सामाजिक संगठनों ने किया हो, चाहे सर्वोदयी नेताओं ने किया हो, चाहे सेवा दल के कार्यकर्ताओं ने किया हो और संगठन के कार्यकर्ताओं ने किया है, सब के सब अभिनंदन के अधिकारी हैं और आज इस पवित्र अभियान का आरंभ हो रहा है, तब मैं उन सबको नमन करते हुए, उन सबके आशीर्वाद के साथ, इस कार्यक्रम को आरंभ करने के लिए, मै पूरे देशवासियों से प्रार्थना करता हूँ।

कभी–कभी ऐसा लगता है कि क्या सफाई, इस देश को गंदगी से मुक्त करना, क्या सिर्फ सफाई कर्मचारियों का काम है क्या? क्या ये उन्हीं का जिम्मा है क्या? क्या सवा सौ करोड़ देशवासियों का कोई दायित्व नहीं है? हम हर बात उन्हीं पर थोपते रहेंगे क्या? अगर कुछ अच्छा हुआ, बुरा हुआ तो उन्हीं को कोसते रहेंगे क्या? ये स्थिति बदलनी है।

सवा सौ करोड़ देशवासी, जैसे भारत माता के संतान हैं, प्रधानमंत्री भी पहले भारत माता की संतान है, बाद में प्रधानमंत्री है। इसलिए इस मां की संतान के रूप में, हम सबका दायित्व बनता है।

हम हमारे देश को ऐसा न रखें। गांव हो, गली हो, मोहल्ला हो, घर हो, परिवार, स्कूल हो, कॉलेज हो, मंदिर हो, मस्जिद हो, गुरुद्वारा हो, कोई भी स्थान हो। ये गंदा कैसे हो सकता है और कहीं गंदगी देखें.. कोई कागज फेंकता है, तो हमें उठाने का मन क्यों नहीं करता?

मैं जानता हूँ, ये प्रचार अभियान से होने वाला काम नहीं है। पुरानी आदतों को बदलने के लिए समय लगता है। कठिन काम है, मैं जानता हूँ लेकिन हमारे पास 2019 तक महात्मा गांधी के 150 वर्ष मनाएंगे, तब तक का समय है। मैं मीडिया के मित्रों का भी आभारी हूं कि पिछले कुछ दिनों से वो इस बात को फैला रहे हैं, पहुंचा रहे हैं।

अगर हम सब मिलकर के इसको एक जन आंदोलन बनाएंगे, तो मैं नहीं मानता हूं कि दुनिया के साफ–सुथरे शहरों में, देशों में, हमारा नाम नहीं होगा। हम भी उस जगह को बना सकते हैं। भारत ये कर सकता है, भारतवासी कर सकते हैं। अगर भारतवासी कम से कम खर्चे में Mars पहुंच सकते हैं, तो क्या

भारतवासी अपना गली–मौहल्ला साफ नहीं कर सकते हैं? Mars तक पहुंचाने के लिए कोई प्रधानमंत्री नहीं गया, कोई मंत्री नहीं गया, वैज्ञानिकों ने किया, भारत माता के संतानों ने किया था। सफाई भी हम सब मिलकर के करेंगे।

मैं जानता हूं, कुछ ही दिनों में आलोचना शुरू होने वाली है, कि देखो क्या हुआ? देखो क्या हुआ? मेरी ढेर सारी आलोचना होने वाली है, मैं जानता हूं लेकिन मैं मां भारती की गंदगी की सफाई के लिए अगर मुझे आलोचना सहना पड़े, तो उसी मैं तैयारी के साथ आज मैदान में आया हूं। मैं इस तैयारी के साथ आया हूं कि मेरे सवा सौ करोड़ देशवासी, भारत मां की संतान, हमारी इस भारत मां को अब गंदा नहीं रहने देंगे। पूज्य बापू के सपनों को पूरा करने में, हम कोताही नहीं बरतेंगे और ये जिम्मेवारी हम सबकी है।

मैंन Social Media में भी एक आंदोलन खड़ा करने करने का तय किया है। इस वेबसाइट पर भी है। Clean India के लिए एक अलग वेबसाइट बनाई है। [Facebook] Twitter पर भी इस काम को आरंभ किया है। # My CleanIndia, ये भी आज प्रारंभ किया है। मैं देशवासियों से प्रार्थना करता हूं, कि आप एक काम कीजिए। कहीं कूड़ा कचरा है, उसकी फोटो आप अपलोड कीजिए। फिर उसकी सफाई आप कीजिए। उसकी वीडियो अपलोड कीजिए। फिर स्वच्छ, उस जगह की फोटो आप अपलोड कीजिए।

भाइयों, बहनों, मैं मीडिया से भी प्रार्थना करता हूं। ये सब, आज भी मैं कहता हूं, हिन्दुस्तान में कई नौजवान ऐसे हैं, कई संगठन ऐसे हैं, और हिन्दुस्तान के हर कोने में हैं, हजारों की तादाद में हैं। वे सफाई का काम, मैं प्रधानमंत्री बना, उससे पहले से कर रहे हैं। जरा उनको हम हिन्दुस्तान की जनता के सामने मीडिया के माध्यम से लाऐं। छोटे–छोटे लोग जो सफाई का काम करते हैं, वो देश के सामने लाऐं। हम सब मिलके एक एक प्रेरणा का वातावरण बनाएं। किसने किया, किसने नहीं किया, कैन जिम्मेवार है, कौन नहीं है, कौन गुनाहगार, इसमें इस बात को हम न घसीटें।

मैंने पहले ही कहा, यह राजनीति से परे है। यह सिर्फ राष्ट्रभक्ति की प्रेरणा से किया हुआ काम है। हमने, सिर्फ–सिर्फ–सिर्फ राष्ट्रभक्ति की प्रेरणा

से ही करना है, राजनीति से प्ररित हो कर के नहीं करना है। यह सफाई तब होगी। इसलिए मैं कहता हूं, अनेक संगठन हैं, अनेक सामाजिक संगठन हैं, अनेक सांस्कृतिक संगठन हैं, वह अपने–अपने तरीके से काम कर रहे हैं।

मैंने ऐसे कई गांव देखें हैं, उस गांव का सरपंच इतना जागरूक हैं, गांव के सब लोग, गांव को इतना साफ–सुथरा रखते हैं, देखते ही बनता है। कई लोग हैं, इस काम को करते हैं। कई स्कूल में जाते हैं, एक–आध शिक्षक इतना रूचि लेता है, पूरा शिक्षण क्षेत्र का परिसर कितना साफ–सुथरा, पवित्रता के माहौल की अनुभूति होती है।

जब हम इंडिया गेट पर आते हैं, राष्ट्रपति भवन की ओर जाते हैं, यह सफाई देखते हैं, तो मन कितना अच्छा लगता हैं। क्या मेरा हिन्दुस्तान का हर कोना इतना ही साफ होना चाहिए कि नहीं होना चाहिए। हर गली–मोहल्ला इतना ही साफ होना चाहिए कि नहीं होना चाहिए।

यह सामाजिक दायित्व है कि नहीं है और इसलिए कृपा करके, अगर इसको राजनीतिक रंग से रंग दिया गया, अगर इसको इसी बात से तौल दिया, कि देखों एक दिन आए, फोटो निकाल के चले गए, तब तो हम भारत मां की फिर से एक बार कुछ–सेवा करेंगे।

महात्मा गांधी हिन्दुस्तान के हर गली मौहल्ले में सफाई करने नहीं गए थे। लेकिन सफाई की इनकी प्रतिबद्धता ने पूरे हिन्दुस्तान में सफाई के प्रति एक जागरूकता पैदा की। हमको, सबको मिल करके इस काम को करना है।

हम जहां हों, जैसे हों, इस काम को करेंगे। मुझे विश्वास है, मैं अपनी भारत माता को गंदगी से मुक्त करा पाएंगे। ये सवा करोड़ देशवासियों का काम है।

सवा सौ करोड़ में एक मोदी नाम का इंसान भी है। अकेला मोदी है, ऐसा नहीं है। इसलिए काम सवा सौ करोड़ देशवासियों का है, ये मैं सवा सौ करोड़ बार बोल रहा हूं। काम सरकार का सिर्फ नहीं है। यह काम सिर्फ मंत्रियों का नहीं है। यह काम सिर्फ सामाजिक संगठन, समर्पित समाज

सेवकों का नहीं है। यह जन–सामान्य का काम है। जितना ज्यादा हम जन सामान्य को जोड़ेंगे, लाभ होगा।

मैंने आज एक और भी काम...., आज नवरात्रि की भी पूर्णहुति हो रही है। कल विजयादशमी का पर्व हम मनाने वाले हैं। कल के विजया–दशमी के पर्व के लिए भी राष्ट्रवासियों को शुभकामना देता हूं।

आज मैंने सोशल मीडिया के एक आंदोलन चलाने के कार्यक्रम शुरू किया है। मैंने आज नौ लोगों को निमंत्रित किया है कि आप भी पब्लिक प्लेस पर आके, अपने आदमियों को ले के स्वच्छता के अभियान पर काम करेंगे।

मैं विश्वास करता हूं, जिन नौ लोगों को मैं आज निमंत्रित किया है, वे जरूर इस काम को करेंगे। इतना ही नहीं उनसे भी मेरा आग्रह है, कि वे भी और नौ लोगों का नाम तय करके उनको भी निमंत्रित करे, वो और नौ लोगों को करे, वौ और नौ लोगों को कहे।

आपको भी मैं कहता हूं, आप भी इस प्रकार का सफाई का काम करके उसका वीडियो बना करके और नौ लोगों को आप निमंत्रित कीजिए। अरे, नौ–नौ की चैन चलती ही रहे, चलती ही रहे।

आज मैंने गोवा के गवर्नर माननीय मृदुला सिन्हा जी को निमंत्रित किया है। मैंने भारत रत्न सचिन तेंदुलकर जी को निमंत्रित किया है। मैंने योग गुरू बाबा रामदेव जी को निमंत्रित किया है। मैंने कांग्रेस के नेता श्रीमान शशि थरूर जी को निमंत्रित किया है। मैंने श्रीमान कमल हसन जी को निमंत्रित किया है। मैने श्रीमान सलमान खान जी को निमंत्रित किया है, मैंने बहन प्रियंका चोपड़ा जी को निमंत्रित किया है।

इतना ही नहीं, तारक मेहता का उल्टा चश्मा, उस पूरी टीम को मैंने कहा है, मैं इस काम में आपको निमंत्रण देता हूं, आप भी करिए और अपने सीरियल के माध्यम से, और भी सीरियल के माध्यम से इस काम को आगे बढ़ाइए।

हमारी फिल्म इंडस्ट्री देखेगी, पिछले 50 सालों में कई ऐसी फिल्में आई हैं, बहुत सी फिल्में ऐसी हैं, जिनमें कोई न कोई एपिसोड ऐसा है, जिसमें

सफाई के विषय में कोई न कोई लोकशिक्षा का काम किया गया है। इस बात को हमें बढ़ाना। हमें इस बात की जिम्मेवारी निभानी है।

भाईयों और बहनों, डब्ल्यूएचओ का एक बहुत बड़ा चौंकाने वाला मूल्यांकन है– उनका कहना है कि भारत में गंदगी के कारण जो बीमारी आती है, बीमारी के कारण जो रोजी–रोटी छूट जाती है, नौकरी नहीं हो पाती है, परिवार को तकलीफ होती है।

डब्ल्यूएचओ का कहना है कि गंदगी के कारण हर वर्ष भारत के प्रत्येक नागरिक को करीब 6500 रूपयों का अतिरिक्त नुकसान झेलना पड़ता। बीमारी के कारण, बीमारी के कारण ऑटो रिक्शा नहीं चला पाता है। बीमारी के कारण टैक्सी नहीं चला पाता है।

बीमारी के कारण अखबार बांटने के लिए नहीं जा पाता है। बीमारी के कारण दूध बेचने के लिए नहीं जा पाता है। यह भारत की कुल संख्या का Average निकाला है, लेकिन सुखी घर के लोगों को ये नहीं भुगतना पड़ता है। अगर उनको निकाल दिया जाए तो Average 6500 से बढ़कर के गरीब आदमी के सर पर बोझ की राशि 12–15 हजार रूपये हो सकती है।

हम सिर्फ गंदगी साफ करें तो हमारे देश के गरीबों के जेब से कम से कम 6500 रूपये बचने वाले है। वह बीमारी से बचने वाला है। वह नौकरी पर नहीं जा पा रहा है, बेरोजगारी से बचने वाला है। ये गंदगी से मुक्ति गरीबों के स्वास्थ्य के लिए बड़ा महत्वपूर्ण काम है। इसलिए ये भारत माता की सेवा, गरीबों की सेवा है।

आइये हम सब मिलकर करके देखें मेरे फेसबुक पर, ट्विटर पर, सामान्य जनता का जो मिजाज देख रहा हूं, जो उमंग देख रहा हूं। मुझे विश्वास है कि सरकार से भी जनता 100 कदम आगे चलने को तैयार है और अगर जनता चलती है तो फिर इसे रोकने का कोई कारण नहीं है।

भाईयो–बहनों, महात्मा गांधी को हमें कुछ तो देना चाहिए। 2019 में गांधी के जब 150 वर्ष होते हैं, तब हमें 'स्वच्छ भारत' और ये सामूहिक दायित्वों से बना हुआ भारत। Quit India की सफलता इसलिए थी कि सारा

देश आजादी के आंदोलन में जुड़ा हुआ था। Clean India की सफलता इसमें है कि सवा सौ करोड़ देशवासी इसमें जुड़ें। जय जवान–जय किसान के मंत्र की सफलता इसलिए थी, क्योंकि लाल बहादुर शास्त्री ने जय किसान का नारा दिया, अन्न उत्पादन के लिए आहवान किया, लेकिन लाल बहादुर शास्त्री को किसी ने ये पूछा कि नहीं था कि तुम खेत में जाकर के हल चला रहे हो, तुमने खेती की या नहीं की, तुमने अनाज पैदा किया कि नहीं किया, ये किसी ने नहीं पूछा था लेकिन लाल बहादुर शास्त्री जी ने कहा था जय किसान! और हिंदुस्तान के किसान खड़े हो गए थे।

अन्न के भंडार भर दिए थे और भारत के हर गरीब व्यक्ति का पेट भरने का काम, उस एक महापुरुष के शब्दों पर हुआ था। महात्मा गांधी के शब्दों को पूरा करने का ये वक्त है।

उस महापुरुष के शब्दों की पवित्रता देखिए, उस महापुरुष के शब्दों की ताकत को देखिए, उस महापुरुष के शब्दों के समर्पण को देखिए, क्या हमें वो प्रेरणा नहीं दे सकते हैं।

चाहे मैं हूं या आप हों, हम सबके लिए महात्मा गांधी का Quit India नारा, ये सफलता जैसा हमें आनंद देती है, यह भी हमें उतना ही आनंद देगी, उतना ही सुख देगी, उतना ही समृद्धि का रास्ता प्रशस्त करेगी, इस विश्वास के साथ इन महापुरुषों के शब्दों पर भरोसा करके हम चल पड़े हैं।

मेरे पर भरोसा मत कीजिए, मेरी सरकार पर भरोसा मत कीजिए, भरोसा हम करें महात्मा गांधी पर! भरोसा करें, महात्मा गांधी के त्याग, तपस्य और समर्पण पर! भरोसा करें, हम महात्मा गांधी के स्वच्छ भारत के सपनों पर। आज हमारी जिम्मेदारी बनती है, अगर हम मां भारती के संतान हैं, तो ये हमारा दायित्व बनता है, न मैं गंदगी करूंगा और न मैं गंदगी करने दूंगा। यह हमारा दायित्व होना चाहिए। दुनिया के समृद्ध देश...

कभी हम विदेशों में जाते हैं और आकर के कहते हैं वाह! इतना साफ–सुथरा! कहीं गंदगी नहीं थी। तो मैं लोगों को पूछता हूं साफ देखा, स्वच्छ देखा, आपको अच्छा लगा न? मैंने कहा कि आपने किसी को गंदगी

करते हुए देखा था, कूड़ा–कचरा फेंकते हुए देखा था, पान की पिचकारी लगाते हुए देखा था तो उन्होंने कहा कि नहीं देखा था, तो मैंने कहा कि सफाई का रहस्य वहां के नागरिकों का discipline है। ये अगर हम लाते हैं तो मुझे विश्वास है, हम बहुत बड़ा काम कर सकते हैं।

एक काम और है, वह है टॉयलेट बनाना। हमारे देश के गांवों में 60 प्रतिशत से भी ज्यदा लोग आज खुले में शौचालय के लिए जा रहे हैं। मुझे सबसे बड़ी पीड़ा होता है, मां–बहनों को जब खुले में जाना पड़ता है, ये कलंक मिटाना है, हम सबने मिलकर के मिटाना है। मैंने Corporate Social Responsibility वालों से भी कहा है कि इस काम को प्राथमिकता दीजिए। मां–बहनों के सम्मान के लिए हम इतना तो करें।

आज भी कई स्कूल ऐसे हैं, कि जहां बालिकाओं के लिए अलग टॉयलेट नहीं है ये स्थिति बदलनी है। किसी का इसमें दोष नहीं है, कोई जिम्मेवार नहीं है, बस हमने सकारात्मक रूप से भविष्य की ओर देख कर के चल पड़ना हैं। कोई राजनीतिक टीका–टिप्पणी, इस आंदोलन से जुड़ा हुआ कोई आदमी न करे क्योंकि सबने काम किया है। हमारे पहले सबने काम किया है। महात्मा गांधी के नेतृत्व में कांग्रेस पार्टी इसकी सिरमौर रही है।

मैं इस काम को वंदन करता हूं और इसलिए मैं हाथ जोड़कर के, विशेषकर के मीडिया को और देशवासियों को कहता हूं, इस सारे आंदोलन को सिर्फ मां भारती की भक्ति से जोड़िए, गरीब से गरीब के स्वास्थ्य से जोड़िए।

कौन कर रहा है, कौन नहीं कर रहा है, कौन सफल हुआ, कौन विफल हुआ, इसके पीछे पड़कर के हम स्थितियों को न बिगाड़ें, न बदलें, हम एक जिम्मेवारी से चलें और इसलिए मैं हाथ जोड़ करके, विशेष करके मीडिया को और देशवासियों को कहता हूं, कि सारे आंदोलन को सिर्फ मां भारती की भक्ति से जोड़िए, गरीब से गरीब के स्वास्थ्य से जोड़िए, कौन कर रहा है, कौन नहीं कर रहा, कौन सफल हुआ, और विफल हुआ, इसके पीछे पड़ करके हम स्थितियों को न बिगाड़ें, न बदलें, हम एक जिम्मेदारी से चलें। और हम सामूहिक जिम्मेवारी से चलेंगे तो सफलता मिलेगी।

मैं फिर एक बार आप सबको निमंत्रित करता हूं। हम यहां पर शपथ लेने वाले हैं। मेरी प्रार्थना है कि हम बैठे–बैठे ही शपथ लेंगे, खड़े होने की जरूरत नहीं, जो खड़े हैं, वे खड़े रहें और दूसरी मेरी प्रार्थना है कि हम दोनों हाथ ऊपर करके महात्मा गांधी को स्मरण करें और महात्मा गांधी को स्मरण करके, हम जहां हैं वहां दोनों हाथ ऊपर करके महात्मा गांधी का स्मरण करना है।

तो ये काम पूज्य बापू को उनके सपनों का भारत बनाने के लिए है। इसलिए दोनों हाथ ऊपर करके, पूज्य बापू स्मरण करके मेरे साथ ये शपथ समारोह में शरीक होंगे। और ये शपथ सिर्फ बोलना नहीं है, शपथ लेना है।

आप शपथ लेंगे? ये सफाई आंदोलन को आगे बढ़ाएंगे? कोई कोताही नहीं बरतेंगे ?

मेरे साथ बोलिए ''महात्मा गांधी ने जिस भारत का सपना देखा था उसमें सिर्फ राजनैतिक आजादी ही नहीं थी बल्कि एक स्वच्छ एवं विकसित देश की कल्पना की थी। महात्मा गांधी ने गुलामी की जंजीरों को तोड़कर मां भारती को आजाद कराया। अब हमारा कर्तव्य है कि गंदगी को दूर करके भारत माता की सेवा करें।"

"मैं शपथ लेता हूं कि मैं स्वयं स्वच्छता के प्रति सजग रहूंगा और उसके लिए समय दूंगा। हर वर्ष 100 घंटे यानी हर सप्ताह दो घंटे श्रमदान करके स्वच्छता के इस संकल्प को चरितार्थ करूंगा। मैं न गंदगी करूंगा और न किसी और को करने दूंगा। सबसे पहले मैं स्वयं से, मेरे परिवार से मेरे मोहल्ले से, मेरे गांव से एवं मेरे कार्यस्थल से शुरूआत करूंगा। मैं यह मानता हूं कि दुनिया के जो भी देश स्वच्छ दिखते हैं, उसका कारण यह है कि वहां के नागरिक गंदगी नहीं करते और न ही होने देते हैं। इस विचार के साथ मैं गांव–गांव और गली–गली स्वच्छ भारत मिशन का प्रचार करूंगा। मैं आज जो शपथ ले रहा हूं वह अन्य 100 व्यक्तियों से भी करवाउंगा। वे भी मेरी तरह स्वच्छता के लिए 100 घंटे दें, इसके लिए प्रयास करूंगा। मुझे मालूम है कि स्वच्छता की तरफ बढ़ाया गया मेरा एक कदम पूरे भारत देश को स्वच्छ बनाने में मदद करेगा।"

भारत माता की जय।

जय हिन्द।

महात्मा गांधी अमर रहे

महात्मा गांधी अमर रहे

महात्मा गांधी अमर रहे

बहुत–बहुत शुभकानाएं।